Contes et légendes en Provence

Du même auteur :

– *L'Ovoïde*
– *Papy casse-cou*

En préparation :

– *Jean avait 14 ans en 1942*

Les phrases en provençal sont traduites par Henri Courtil.

Première de couverture :
Cyprès en Provence,
Peinture de Léon Zanella

René Provane

Contes et légendes en Provence

Préface d'Yvan Audouard

Temps Contés

éditions
AUTRES TEMPS

A mes amis Lyonnais
A ceux de Provence
Au Vaucluse

Préface

Il n'y a pas d'école pour les écrivains, ni de concours d'entrée. Ou plutôt il y en a un, la VIE. En principe tout le monde en a une… mais la plupart des êtres ne s'en aperçoivent pas. Ni de la leur ni de celle des autres. Ils n'ont pas le temps, ils ont autre chose à faire, ils passent leur existence à gagner leur vie. A moins qu'ils n'attendent, sans beaucoup d'espoir, de gagner leur vie pour pouvoir commencer à exister.

Mon ami Provane n'a jamais oublié de vivre, mais ce n'est pas l'amitié seulement qui m'incite à écrire ces quelques mots au début de son premier livre, du moins de son premier livre imprimé. Car je sais qu'il y en a eu d'autres avant et qu'il y en aura d'autres.

Je suis heureux que nous puissions assister ensemble à la naissance d'une œuvre.

Il a mis du temps à se décider. Ce grand gaillard est un gros timide mais, maintenant qu'il s'est décidé, rien ne pourra l'arrêter.

Non seulement j'ai été l'un des premiers à le lire mais j'ai eu l'occasion de le regarder vivre, aussi bien dans ses moments de bonheur que dans ses périodes de détresse.

J'ai pu apprécier ses qualités humaines, sa générosité, son ouverture aux autres et son extrême sensibilité. En toutes circonstances, il demeurait lucide, attentif à lui-même et aux autres.

Ce sont les qualités de base de l'écrivain qui doit être en toutes circonstances témoin de ce qui lui arrive, de façon à pouvoir se le raconter, de façon à pouvoir le transmettre.

Tu as eu, René, et tu continues de mener, une vie pleine d'événements, de curiosités, d'étonnements ingénus et de découvertes émerveillées… J'ai voulu être le premier de tes lecteurs à te remercier publiquement de nous les faire partager.

Yvan Audouard

La légende des cloches de Pâques

« Dis, papé (nous, ici, nous écrivons papé et non papet !), dis, c'est ce soir que tu nous la racontes, la légende des cloches de Pâques ? »

C'était un homme vieilli avant l'âge. Il avait quoi ? soixante, soixante-deux ans, mais son foulard – qui avait dû être rouge – cachait mal un cou amaigri, et la partie visible du visage – où déjà repoussait la barbe – empêchait de lui donner un âge précis. Sa vie durant, les moments de repos qu'il avait pris devaient pouvoir se compter sur les doigts d'une main. Son visage était buriné par le soleil brûlant dont les rayons se réfléchissaient sur les pentes caillouteuses des coteaux de Châteauneuf-du-Pape. Il avait passé toute son existence à labourer, soigner, tailler la vigne, pour le compte des propriétaires du "Domaine de la Pierre Plantée". Jamais il ne s'était arrêté, qu'il pleuve ou qu'il vente ; il n'en avait jamais eu l'envie ni les moyens. N'empêche : le visage de cet homme reflétait une douceur, une grâce comme seuls peuvent en laisser transparaître les visages de nos anciens du Vaucluse.

Le vieil homme, confortablement installé dans un grand fauteuil – son unique luxe –, souriait, les yeux clos, perdu dans ses pensées.

La clarté de l'âtre dispersait sa lumière blafarde. Les ombres des objets qui hantaient la pièce commune semblaient s'animer en une danse fébrile. Les éclairs jaunâtres jaillissant des bûches de pin sous la vigueur de la flamme accentuaient, par instants, la face ridée de l'aïeul. Un profond soupir vida son cœur lourd. Puis, tendrement, avec cette délicatesse des gens simples, son regard se posa sur ses petits-enfants. Ils étaient là, agenouillés à ses pieds, attentifs et comme recueillis. Le plus jeune, Claude, est le plus turbulent, le plus éveillé aussi. Avec sa large casquette noire éternellement enfoncée sur son crâne, Maurice ressemble à la grosse marmite de fonte qui pend dans la cheminée. Douce et calme, Philippine rayonne de ses beaux cheveux roux. Ils attendent l'histoire, les yeux dilatés, la bouche entrouverte. Ils implorent le conte. C'est leur seule distraction, maintenant devenue une habitude...

Alors, après s'être fait un peu « languir », le papé s'éclaircit la voix et annonce avec conviction :

« Oui, mes chéris, va ! je vais vous la dire, la plus belle des légendes qui s'attache à notre belle terre du Vaucluse ; c'est celle des cloches de Pâques. »

Il fait une pose, comme pour chercher ses mots, s'enfonce un peu plus dans son fauteuil, se racle la gorge pour assurer sa voix – ainsi faisaient, pour fixer l'attention de l'auditoire, les conteurs de sa propre jeunesse – et commence :

« Jadis, le comtat Venaissin s'enorgueillissait avec raison de donner asile à sa Sainteté le Pape (un majestueux signe de croix vient souligner le propos) en son célèbre palais d'Avignon. Bénie de Dieu, la contrée était riche et florissante. Toutes joies étaient doublées, toutes peines atténuées, sinon oubliées. Les "grands" du Comtat vivaient dans le bonheur et le luxe, n'omettant pas de partager avec leurs serviteurs un peu de toutes ces richesses.

– Hé bé alors ! s'exclame Claude, le plus jeune, interrompant ingénument le récit, c'est pas comme maintenant !

Le vieil homme esquisse un geste d'impuissance.

– Marc vivait à Courthézon. Il était fils du bedeau. Le renom de sa grande beauté était connu de tous les clochers d'alentour. Il était non seulement bien fait de sa personne mais de surcroît volontaire, gentil et courtois. Tout le monde l'aimait.

Par un magnifique matin de printemps, un de ces radieux matins de Vaucluse, le pape, entouré de sa suite, vint célébrer la messe de Pâques à Courthézon.

– Dans notre village ? Oh ! qué chance y z'ont eue ! interrompt encore Claude.

– Pardi, ici même, confirme le papé, parce que selon la légende – véridique comme le sont toutes les légendes – l'église de Courthézon est l'une des sept églises bâties par Charlemagne pour célébrer la victoire de la chrétienté sur les infidèles... Sans doute est-il venu aussi parce qu'elle est l'une des plus belles et des plus anciennes de la région. Cette église, il ne suffit pas de la voir, il faut la regarder, admirer sa façade, sa tour carrée, ses voûtes, ses vitraux. Un balcon, festonné comme une dentelle, en fait le tour et domine majestueusement la nef qui, tel un tapis de pierres, s'étend à ses pieds. Type d'architecture rare, peut-être unique pour une église.

Aussi, en ce dimanche pascal, toute la cour pontificale s'égailla-t-elle dans notre village en liesse. Après s'être regroupé devant l'imposante Porte des Princes, le cortège serré, ordonné, silencieux, s'écoula jusqu'à l'église toute proche.

– Mais alors, coupa encore Claude le turbulent, y sont passés devant la boulangerie, et René, qui est si curieux, il a pu voir le cortège depuis sa fenêtre ?

Sans trop d'agacement, le grand-père réplique avec douceur :

– Eh non, gros *fada* ! c'était il y a bien longtemps, des années avant mon arrière, arrière-grand-père ! Il n'y avait rien de tout ça à Courthézon. Ecoute-moi un peu et tâche de ne plus m'interrompre, que tu me fais perdre le fil… Bon ! Donc le soleil rougissait de plaisir, de confusion, peut-être de bonheur. Son souffle chaud dispensait la joie, tout n'était que rire et gloire pour Courthézon.

Le cortège fit son entrée dans la nef.

Marc, caché derrière l'un des piliers, s'émerveillait devant le chatoiement des riches étoffes, les brocarts, les ors, les pierreries. Soudain, son regard glissa vers une demoiselle d'honneur. Il fut ébloui par l'auréole mordorée que faisaient ses cheveux rayonnant autour d'elle. Un rai de soleil, passant au travers du vitrail, éclaboussa sa chevelure et son visage en fut tout illuminé. Avec exaltation, Marc admira son pur profil de madone. Un peu comme celui de la dame qui est sur le vitrail, à droite de la sacristie, et qui éclaire d'or le maître-autel.

Comme par miracle, la belle demoiselle d'honneur avança, se plaça tout près de Marc qui rougit de confusion. Leurs regards se croisèrent, se fondirent, s'épousèrent. Poussés par une force incoercible, les deux jeunes gens se rapprochèrent sans se quitter des yeux. L'amour avait empli leurs cœurs. Leurs âmes étaient chargées des plus tendres pensées. Leurs bras se touchèrent. Instinctivement, leurs mains se serrèrent. Ils s'agenouillèrent et, sans prononcer le moindre mot, yeux dans les yeux, se jurèrent un amour éternel. Par une sorte de bonheur spontané et communicatif, un silence complice s'établit dans l'église, seulement troublé par des bruits feutrés, soupirs et craquements de chaises retenus, pour ne pas gêner les amoureux qui se préparaient à accueillir le bonheur.

Quatre mois passèrent. Chaque jour était pour Marc et Marguerite l'occasion de rencontres brèves mais intenses, en présence – comme il se doit – d'une duègne-chaperon qui ne les perdait jamais des yeux. Et, dans l'heure suivante, ils s'écrivaient des missives gorgées d'amour…

Le temps passa, idyllique. Marc et Marguerite étaient devenus un couple connu et admiré de tous. Marguerite la belle faisait l'émerveillement des grands et des petits, qui l'adoraient. Ils l'appelaient avec douceur Mague, ou Magli et ce diminutif affectueux devint Magali. Ce prénom, issu de la fleur de l'amour, et délicieux à prononcer, auréole, depuis, nos belles jeunes filles provençales de joie et de félicité.

Hélas ! au milieu du cinquième mois, Marc le pieux apprit de la bouche même de sa mie que le souverain pontife et sa suite partaient pour toujours à Rome. La papauté abandonnait Avignon pour n'y plus revenir. Désolation pour le Comtat ! Catastrophe pour Marc et Magali.

La tristesse de ce départ et la séparation des amoureux furent telles que le ciel lui-même resta gris durant huit jours (phénomène météorologique totalement impossible dans le Vaucluse ! c'est dire la douleur du peuple et du ciel). Il y eut même trois jours de pluie, comme si Dieu en personne pleurait sur cet immense chagrin.

– Oh ! mais dis, grand-père, coupa Claude l'impertinent. Si Dieu était pas content, il avait qu'à dire au pape de pas partir. C'est bien lui, le patron…

– Je ne veux plus t'entendre ! grogna le papé. Dieu… Dieu ? Il savait ce qu'il faisait !… Où j'en suis ? Ah, oui ! Le jour du départ, Marc, le cœur triste, monta tout en haut du clocher de l'église de Courthézon pour retrouver sa confidente, son amie, la vivante cloche avec laquelle il parlait des heures entières… et surtout de Magali.

– *Bou Diou* ! s'exclame Claude, qué *bédigas*, ce Marc, parler à une cloche !

– Ecoute, mon Claude, une histoire est une histoire. Arrête de me couper tout le temps ou alors je ne dis plus rien. Tu écoutes en silence, d'accord ? Tu poseras les questions après.

– Oui, papé, c'est promis ! répond, boudeur, Claude le vif argent. D'autant plus que son frère et sa sœur lui faisaient les gros yeux.

– Donc, reprit le grand-père, un peu énervé, Marc, assis tout seul devant son amie la cloche, lui raconta sa peine. C'était une cloche particulière, un gros bourdon fabriqué spécialement pour cette église, et qui pouvait écouter et même parler. Emue et compatissante, elle fut saisie d'un délirant vertige. Elle sonna, sonna, criant à la ronde la tristesse de Marc.

Déjà sur la route de Rome (juste en plein centre de Cavaillon, non loin du magnifique Arc romain), Magali l'entendit. Elle aussi pleurait cette cruelle et injuste séparation. Elle aurait voulu être le vent afin de pouvoir librement s'enfuir et aller caresser, de son souffle chaud, la peau si douce de son aimé. Hélas ! elle ne put que tendre le bras comme pour saisir au vol le son douloureux de la cloche, l'étreindre, le couvrir de baisers et le renvoyer à son lointain amant. Toute la caravane – et même le pape que l'âge avait rendu un peu sourd – entendait la cloche ; tous savaient pourquoi, pour qui elle pleurait, triste comme un glas. Mais que pouvaient-ils faire ?

Six mois passèrent. Personne, à Courthézon, ne put surprendre l'habituel sourire, franc et joyeux, de Marc l'intrépide. Inconsolable, il se lamentait pensant à son amour perdu.

A Rome, Magali elle aussi se morfondait. Ne participant plus aux jeux de la cour, elle restait à l'écart, rêvant du Vaucluse… et surtout de Marc.

Pour l'anniversaire de leur rencontre, aux Pâques suivantes, Marc l'ardent grimpa tout en haut du clocher. Il allait, une fois encore, chercher réconfort auprès de sa seule et véritable amie.

Tout là-haut, entre ciel et terre, le regard inlassablement tourné vers Rome, le cœur gros, il cherchait à "deviner" sa belle. Un sanglot de désespoir résonna dans le clocher. Attristée par tant de chagrin, la vieille cloche cherchait le moyen d'aider cet amant éperdu.

Tout à coup, quelque chose résonna dans son cœur de bronze et, timidement, elle demanda à Marc :

"Pourquoi ne vas-tu pas la rejoindre ?

– Mais voyons ! tu sais bien que je suis pauvre et que je ne pourrai jamais me payer ce long voyage !

– Envoie-lui au moins un message d'amour…

– Je ne t'ai pas attendue, va ! Je lui ai écrit plus de cent lettres, mais là encore, le prix de la missive est trop élevé pour ma maigre bourse d'aide-bedeau."

La cloche eut alors une idée. Elle se balança doucement. Un grincement plaintif s'éleva du clocher. D'imperceptibles "ding dong" s'échappèrent du donjon. La vieille cloche parlait au vent. Et c'est bien vrai : lorsque parfois, par grand vent, on entend un léger carillon, ce sont les cloches qui parlent au vent, qui se parlent entre elles. Le gros bourdon de notre belle église demandait au mistral de souffler un peu plus fort, bien plus fort même, pour emporter sa voix de bronze par-delà montagnes et frontières. Le vent complice redoubla de fureur. La cloche tinta, carillonna, sonna à toute volée, à s'en déchirer la jupe...

Les villageois, les paysans, les citadins des grandes villes se bouchaient les oreilles tant le bruit était assourdissant. Insensible au vacarme, Marc souriait. Il dictait son message d'amour à la cloche. Par tourbillons, il s'envolait vers Rome. Les rafales du mistral emportèrent jusqu'au Vatican cette déclaration d'amour et de fidélité.

Miracle ! Lorsque la bourrasque revint, elle apportait un faible son que seul Marc l'amoureux sut entendre. Il disait, ce murmure : “Moi aussi, je t'aime, mon bel amour ! Mon cœur saigne de cette séparation. Viens vite me rejoindre, je t'aime... je t'aime !...”

Marc pleurait de joie. Il se jeta sur la cloche encore toute fumante, toute chaude, tout ébranlée par son exploit ; il l'embrassa, l'embrassa, puis lui dit :

“Je te remercie, ma douce amie, mais pour la dernière fois, je te supplie de lui dire que je vais la rejoindre, à pied s'il le faut...”

La cloche se mit à battre de nouveau. A battre et à se balancer de plus belle. Mais tout à coup les ferrures des gonds cédèrent ; la lourde cloche, dans un fracas épouvantable, s'éleva dans les airs et, emportée par son élan, passa à travers l'ouverture du clocher.

Marc, effrayé, se pencha pour suivre la chute de son amie. La cloche, toujours vivante, se mit à carillonner. Son balancement, ses oscillations amortirent sa descente. Mieux, elle plana tout d'abord puis, tout à coup, se mit à voler.

Les insolites “ding dong” attirèrent les villageois sur le pas de leur porte. Tout Courthézon, stupéfait, voyait sa grosse cloche se balancer dans les airs, lançant avec violence son message d'allégresse. Elle fit deux fois le tour du clocher, s'approcha de Marc un peu inquiet qui crut pourtant voir un sourire froncer sa corolle métallique. Alors, elle parla :

"Accroche-toi à moi, je t'emmène à Rome..."

– Hé bé ! fit Claude sous le charme.

Marc hésita, l'espace d'un éclair, puis, sans réfléchir davantage, se jeta à califourchon sur la cloche qui s'envola dans un tintement joyeux, sous les yeux ébaubis des gens.

Un instant effrayé par la vitesse et le vertige, le jeune amoureux se remit vite de sa frayeur. Déjà, le clocher vide de Courthézon s'estompait dans le lointain. Les clochers de Sarrians, puis de Sault se mirent à carillonner. Car, d'église en église, de cathédrale en cathédrale, le passage de la cloche de Courthézon était annoncé.

Ils franchirent le Ventoux, les Alpes. Les pics enneigés les égratignèrent de leurs doigts gelés. Par un inexplicable phénomène, Marc n'avait pas froid : la jupe de la cloche était tiède comme une chaufferette, son cœur de bronze bien trempé battait régulièrement à l'unisson. Guidée par un invisible filin, comme attirée par un puissant aimant, elle poursuivait sa route, droite, rapide, précise. Leur parvinrent de loin les tintements cristallins des carillons de la basilique Saint-Pierre, qui sonnaient avec ferveur.

Le dôme éblouissant de clarté – tel un phare en pleine tempête – surgit tout à coup des brumes légères. C'est alors que toutes les cloches de Rome se mirent à chanter. Les pigeons de la place Saint-Pierre s'élevèrent, dessinant autour des arrivants un vaste cœur de plumes blanches. Au-dessous, la cour du Vatican leur ouvrit les bras. Marc et sa cloche descendirent doucement, au milieu d'une envolée de colombes.

Les prêtres, les cardinaux, toute la cour pontificale tomba à genoux devant le miracle. Marc, ébahi, serrait encore plus fort le balancier de bois de sa vieille amie, qui dispersait à la ronde son joyeux ding dong, appelant : "Magali !... Magali !"

Une chevelure d'or qui dansait au vent d'une course effrénée se mit à étinceler sous le soleil complice. Marc, titubant, étourdi par le voyage, ivre de bonheur, se précipita au-devant de sa belle.

La nuit venue, ils étaient toujours là, enlacés, blottis l'un contre l'autre, éperdus d'amour.

Les couloirs du Vatican résonnaient de l'exploit de la cloche et de son "cavalier". Les pages et les damoiselles narraient et louaient avec tendresse cette éblouissante histoire d'amour.

A présent, à toute volée, les cloches de Rome et des alentours glorifiaient la hardiesse et l'amitié de leur consœur française. La vieille courthézonnaise fut entourée de soins vigilants. Toute la cour s'honora de prêter concours à sa toilette afin qu'elle fît bonne figure. Pour qu'elle brillât d'un éclat encore plus vif, ces dames firent, d'un large ruban, un très joli nœud qui orna son front superbe.

Les peintres, les sculpteurs vinrent immortaliser le modèle. Comble de succès, divine apothéose, le chef pâtissier du pape lui-même eut l'idée glorieuse de présenter à Sa Sainteté un gâteau en chocolat à l'effigie de la cloche. Cela atténua quelque peu le courroux du Saint-Père qui pensait que l'on ne doit pas troubler l'ordre des choses, que les cloches ne sont pas faites pour voler, et que l'on doit réserver les miracles à des événements moins insignifiants que les amours contrariées d'un jeune benêt et d'une petite péronnelle.

Adouci par la cloche pâtissière, il fit néanmoins quérir les amants pour les sermonner de leur hardiesse amoureuse. Très humblement, Marc et Magali se repentirent, sans toutefois désavouer leur tendresse, et s'accusèrent pour la sauver, d'avoir forcé la cloche au voyage. Touché par tant de pureté d'âme et par la grandeur de leur amour, charmé par leur éclatante beauté, le pape ne put se résoudre à les réprimander davantage. Bien au contraire, il promit de bénir leur union et trouva une occupation à Marc pour le garder à Rome.

"C'est beau ! s'exclama Philippine.

– Tais-toi ! tança vertement Claude, sérieux « comme un pape »."

Le pape, le vrai, celui de Rome, fit mander la cloche car, tout compte fait, c'était elle la seule responsable de tout ce désordre. Il devait la sanctionner puisque, chef de l'Eglise, il était aussi chef des cloches ! Elle était coupable d'abandon de poste et méritait donc une punition exemplaire. Mais il ne voulait pas être trop sévère. Il avait été sensible au pur amour, à la beauté, à la bonté, à l'amitié.

Dans son infinie sagesse, il prit la parole pour dire d'une grosse voix qui se voulait sévère mais frémissait de bonté :

"Ce fut très mal d'avoir abandonné le clocher de Courthezon, heu... Courthézon. Tu ne dois jamais oublier, cloche, que tu es la chose la plus importante du village. Tu orchestres toutes les grandes étapes de la vie. Tu sonnes, claire et pure, pour le baptême. Douce et attendrie pour la communion, tu es dans la joie pour fêter le mariage. Tu geins et te lamentes sur les morts. Surtout – et c'est peut-être le plus important – tu es seule à veiller sur les villageois que tu alertes si un danger les menace... Tu es la première dame de la cité. Ton départ précipité a laissé Courthézon sans guide ni protecteur. Pour aider ce jeune couple, tu as abandonné toute une communauté de fidèles. Ton geste est trrrrrès vilain et je dois te punir.”

Il fit semblant de réfléchir, mais il avait, dès le matin, décidé de la punition à infliger à la trop compatissante cloche.

“Tu réciteras d'abord trois *Ave*. Cela ne te fera pas de mal ! Et puis, pour punition, toi-même et tes descendants, et tous ceux et toutes celles – gros bourdons de cathédrales ou petites cloches de couvents – qui durant ton voyage ont sonné avec toi et pour toi dans le monde, je vous relève de vos responsabilités et, dès demain, un homme appelé « sonneur » s'occupera spécialement de vous. Il pensera à votre place et sera responsable de vous. En revanche, pour marquer ton indiscipline et ton abandon de poste, et punir aussi les autres cloches qui te soutinrent dans ta rébellion, je vous interdis pour toujours de sonner durant la semaine qui précède Pâques. Ces huit jours-là, vous resterez muettes. Voilà la punition !”

Un peu comme le « ravi » de nos crèches provençales, le pape à présent sourit avec béatitude :

“Tout compte fait, la bonne action (car c'est une bonne action que de réunir les cœurs qui s'aiment) mérite aussi une récompense. L'amitié est une trop belle chose pour ne pas la glorifier. En souvenir de ton exploit – car c'en fut un, je le concède – toi et toutes les cloches qui sonnèrent sur ton passage, je vous invite à Rome pour chaque anniversaire de ton voyage, dès aujourd'hui et jusqu'à la fin des siècles. Ce sera votre pèlerinage annuel. Durant votre séjour au Vatican, mon chef pâtissier, comme il l'a fait aujourd'hui (et après lui, ses descendants) confectionnera, pour magnifier l'anniversaire de ce voyage, des milliers de petites et de grosses cloches en chocolat. Il les mettra dans des centaines de paniers que vous accrocherez à vos jupes. Durant votre voyage de retour, vous jetterez ces douceurs dans les cours, les jardins, les balcons, partout où se trouveront de gentils enfants, sages et obéissants. Alors, après huit jours de silence, vous pourrez annoncer votre retour de Rome à grands coups de battants ou de marteaux. A toute volée, vous pourrez célébrer la gloire de Notre Seigneur ressuscité."

Voilà, voilà pourquoi, conclut le grand-père, depuis des centaines d'années, les cloches nous quittent pour Pâques et, revenant de Rome, distribuent tant de chocolats aux braves petits et aux amoureux… »

Comme pour confirmer ce souvenir mémorable, la cloche de Courthézon se mit à sonner dix coups…

« Oh là ! s'exclama le grand-père, il est bien tard ! C'est l'heure de s'empailler !

– Dis, grand-père, demande Claude le curieux, déjà plus qu'à moitié endormi, comment elles font, les cloches, pour avertir le village, si elles peuvent pas sonner pendant huit jours ? »

Mais il n'entendit pas la réponse, car déjà il volait sur les ailes du sommeil, dans un carillon argentin.

La légende du poisson d'avril

Eh oui, mon brave ! Nous sommes tellement galéjeurs dans le Vaucluse que c'est à Méthamis que fut inventé le « poisson d'avril ». Par accident, – il faut bien le reconnaître. Mais surtout parce que le brave Batistou de Bédoin rendait souvent « fada » son copain le Bombu, de Méthamis.

Vous ne connaissez pas leur dernière plaisanterie ? Elle est tellement classique, tellement plate, que rares – j'en suis certain – seront ceux d'entre vous qu'elle déridera ! Et pourtant c'est elle qui est à l'origine du poisson d'avril.

Batistou, une « bonne pâte » – mais qui avait souvent l'humour grinçant et stupide comme tous ceux qui ne savent pas que les plaisanteries les plus courtes sont les meilleures, faisait souvent des blagues dont le Bombu était la victime de prédilection. Ses 1,84 m (tiens ! comme le Vaucluse !), sa généreuse barbe poivre et sel (plus sel que poivre…) lui donnaient une autorité certaine et beaucoup de Bédoinais disaient de lui :

« En voilà un qui ferait un bon maire ! »

Chez nous, on ne juge pas sur des aptitudes *dirigeantes* mais sur l'humour et sur la « grande gueule ». Voyez Tartarin de Tarascon…

Mais tout cela, au fond, n'a pas grand-chose à voir avec l'histoire ! Parlons plutôt du Bombu, petit homme et tout petit viticulteur. Il travaillait seul quelques hectares de vigne qui le faisaient vivre chichement. Il était gros, parfaitement chauve, et lorsque le soleil brillait sur son crâne, il était visible de loin. Et comme il avait une petite bosse dans le dos (pas assez pour être bossu, mais tout de même...) on le surnommait le Bombu. On prétend que cette bosse lui portait bonheur, ce qui est absolument certain, puisque je le tiens de mon père qui le tenait de son arrière-grand-père, lequel l'avait entendu de son grand-oncle Gabriel. Bref, ça ne se discute pas !

Mais revenons à Batistou qui, un beau matin à l'apéritif, chez Lucette, à Bédoin, dit en voyant entrer le Bombu – qui venait une ou deux fois par semaine de Méthamis :

« Alors, brave Bombu, t'es venu seul ?

– Pardi ! je suis assez "grand" pour ça !

– Elle est bien bonne ! rigola Batistou considérant la petite taille de l'autre. Mais, alors, où est-ce qu'elle est donc ?

– Mais qui ? s'impatiente le Bombu.

– Mais, ta *miss* !

Dans le regard du Bombu on put lire un océan d'incompréhension.

– Aouh ! cria-t-il comme un chien à qui l'on vient de marcher sur la queue. Oh, mais dis ! j'ai pas de *miss*, moi...

– Si, bien sûr que si ! répliqua Batistou parmi les rires des consommateurs présents.

– Je te dis que non, et c'est Non ! hurla le Bombu outré. Et puis, arrête tes blagues, qué !

– O pôvre ! je le sais, moi, où tu "mets ta *miss*" insista lourdement Batistou dans un grand éclat de rire. »

(Je vous l'avais bien dit que ce jeu de mot pitoyable ne vous ferait pas rire, mais alors, chez Lucette, qué rigolade !)

Troublé, humilié même, par tous ces rires vexants, le brave Bombu, qui a mis longtemps à comprendre, quitta le café, blanc de honte et couvert d'opprobre. Il n'a même pas fini son pastis : c'est tout dire ! Et il n'a salué personne !

Barricadé chez lui, il chercha une vengeance terrible. Mais l'idée ne venait pas. Il avait beau se creuser les méninges, marcher seul, en pleine campagne, un brin de farigoule entre les dents (la farigoule est un calmant), même s'asseoir sous un cèdre – dont l'odeur musquée qu'il dégage chasse les mauvais insectes (et pourquoi pas les idées noires…) – ; il avait beau regarder avec délice, comme pour se forger des idées assassines, la grosse mouche bleue se débattre dans une toile d'araignée et, songeant à Batistou, observer en jubilant la longue agonie de l'hyménoptère, il ne trouvait pas sa vengeance.

Les mois passèrent. Le Bombu ne sortait plus de chez lui que pour acheter le pain chez tonton Marcel. Ses amis disaient :

« Hé bé ! lui qui n'a jamais beaucoup travaillé de sa vie, il file un mauvais coton ! »

Le Bombu mangeait peu, mais il aimait les douceurs. Aussi se nourrissait-il presque exclusivement de friandises et de chocolat (il n'avait jamais compris comment un *Meunier* – dont ce n'était évidemment pas le métier – pouvait faire un si bon chocolat…) et ne s'en trouvait pas plus mal.

Ce dimanche-là, le Bombu confectionnait donc son dessert préféré, qu'il avait d'ailleurs modifié à son goût : une crème au chocolat. Mais quelle crème ! Puisque vous m'écoutez avec autant d'attention, je veux bien vous donner la recette :

Faites fondre de gros carrés de chocolat dans une casserole, toujours la même pour qu'elle soit bien « culottée ». Ne mettez surtout pas d'eau, mais du Rasteau apéritif, ou du muscat de Beaumes-de-Venise, suivant votre goût (vous n'avez qu'à essayer les deux !). C'est ça, l'un des secrets. Et puis, ajoutez du sucre en poudre (c'est l'autre secret) et une demi-tige de vanille de La Réunion. Pour finir, l'apothéose : des noisettes sauvages pilées, cueillies dans le Ventoux, et, si possible, dans la Combe Canaou.

Bien laisser s'imprégner le tout en y mélangeant de la crème de lait de brebis venue d'un « jas » du côté de Méthamis.

Puis dégustez cette crème au chocolat, tiède ou froide, ça dépend de vos humeurs.

Ce jour-là, le Bombu allait la manger froide, tartinée sur du pain. (Je ne peux pas l'affirmer, mais je crois bien qu'il est le véritable inventeur de cette fameuse crème que tous les enfants affectionnent.)

Le plaisir humectait ses lèvres gourmandes ; il resplendissait de bonheur. La couche chocolatée était plus épaisse que le pain. Portant enfin la tartine à sa bouche, il croque voluptueusement, se délecte. Puis, tout à coup, avec une grimace à faire fuir le diable en personne, il crache sa bouchée comme du pur poison. Il avale alors, pour se rincer la bouche, un grand verre de Côtes-du-Ventoux.

Au lieu de sucrer « sa » crème au chocolat il l'a, par une incompréhensible erreur, fortement salée ! Le goût en est exécrable et même le vin des *Demoiselles coiffées* ne parvient pas à supprimer totalement l'horrible goût saumâtre qu'il a dans la bouche.

Il dut encore avaler – le gourmand ! – plusieurs autres verres : du rosé de la cave Saint-Marc de Caromb et divers crus de l'estimée coopérative de Villes-sur-Auzon.

Désormais euphorique, il se mit à penser :

« Je ne sais pas ce que j'ai fait au Bon Dieu mais, bon Dieu ! je suis maudit ! »

Puis il se leva d'un bond. Ses yeux, luisants comme des phares, illuminèrent la cuisine. C'était l'aurore, le crépuscule et midi tout à la fois ! Son visage rayonnait d'un plaisir intense. Il jubilait.

Il cria, que dis-je, il hurla :

« Mais non, je ne suis pas maudit ! au contraire ! Merci, Seigneur ! je l'ai, je la tiens ma vengeance ! Je l'ai trouvée, la blague qui va réduire le Batistou en bouillie ! »

Et il partit d'un énorme éclat de rire auquel se mêlaient des larmes de joie. Puis il s'assombrit de nouveau. D'accord, il avait l'explosif, mais le détonateur manquait. Pour l'instant, il ne fallait pas en demander trop à son cerveau surchauffé par les vapeurs de l'alcool.

Le Bombu rumina des jours et des jours. Il ne suffirait pas de dire : « Tiens, Batistou, prends ton chocolat ! » Pas folle, la guêpe !

Un vendredi, au marché de la Saint-Siffrein, à Carpentras, notre Bombu tomba sur l'étal d'un marchand ambulant qui vendait des cochons, des poules, des oiseaux en pain d'épice. Il acheta quelques-unes de ces bestioles… et ce fut le déclic ! Il acheta d'autres figurines et demanda qu'on lui fasse un beau paquet, pour offrir.

Arrivé où était sa « *miss* » (il en riait maintenant, le bougre !), il déficela le beau papier blanc, le conserva soigneusement à l'abri des souillures éventuelles avec la moitié du pain d'épice. Le reste, il le mangea.

Comme il était adroit de ses mains à force de tailler la vigne, il se mit à graver en creux, dans un morceau de chêne plat, la silhouette d'un oiseau. Malgré le modèle en pain d'épice, il ne fut pas content du résultat. Cherchant un sujet plus facile à sculpter, il finit par réaliser un poisson aux lignes simples qui le satisfit pleinement. Alors, selon sa recette (voir plus haut), il se mit à confectionner « sa »fameuse crème au chocolat.

Il la voulait encore plus épicée que celle de l'autre jour. Il y ajouta – bien volontairement, cette fois-ci – encore plus de sel. « Ce n'est pas suffisant », pensa-t-il. Et il ajouta du poivre en grand quantité. Ce n'était pas encore assez ! Alors, il pensa aux petits piments rouges du jardin. Il en fit cuire une bonne poignée, réduite avec du vinaigre. Une pâte rouge sang, si forte, qu'un grumeau tombant malencontreusement sur la table la perça. (On peut bien me permettre d'exagérer un peu !)

En réalité, le morceau tomba sur les tomettes rouges qui formaient le sol de la cuisine et elles se décolorèrent.

Plongeant le doigt dans sa crème bien malaxée, il se brûla. « Parfait ! » dit-il. Il coula six fois sa mixture, puis la mit au réfrigérateur. (Quoi ? ça n'existait pas à l'époque ? quelle poisse ! Bon, alors il la mit à la cave, dans son garde-manger. Là, ça vous va ? Mais c'est moins froid !)

Il démoula les poissons, les remoula. Car il voulait obtenir une première couche, une carapace confectionnée avec de la bonne crème. Batistou ne se rendrait pas tout de suite compte de la mauvaise farce. Il confectionna également un poisson amputé de sa queue. (Vous verrez bientôt pourquoi.) Le tout fut mis dans le beau papier blanc du marchand. Les chocolats dessous, les figurines en pain d'épice dessus. Le « paquet cadeau » était fin prêt.

Le lendemain, il se présenta chez Lucette bien avant l'heure du pastis. Il expliqua aux deux cabaretiers enchantés qu'il voulait faire une farce à Batistou pour se venger de ses habituels sarcasmes.

Un scénario fut mis au point. Lucette dirait qu'un client

venant de la Saint-Siffrein avait apporté des gâteaux au chocolat. Elle déplierait le papier devant Batistou pour lui en offrir. Découvrant le pain d'épice rassis elle déclarerait : « Ça, je n'aime pas trop, mais le chocolat, quel délice ! » Elle prendrait, comme convenu, le poisson sans queue et dirait à Batistou :

« Té, toi aussi, prends-en un ! »

Caché par le rideau de la cuisine, le Bombu attendit à peine un quart d'heure. La salle était déjà pleine lorsque Batistou arriva, tout guilleret.

Lucette lui sert sa « mauresque ». Au deuxième verre, elle déclare à la cantonade –, mais en guignant Batistou :

« Au fait, les amis, un client m'a apporté ces gâteaux de Carpentras. Goûtons-les ! Allez, zou, Batistou, toi qui es si gourmand, prends-en un ! »

Ce qu'il fait sans se faire prier, portant le poisson à la bouche, le posant sur sa langue et, comme beaucoup d'entre nous, se mettant à croquer et à avaler sans sucer…

Le Bombu, dans son coin, explose de joie. Il sort de sa cachette à l'instant même où Batistou ouvre démesurément la bouche. Il n'en peut plus, Batistou ! Il n'a même pas le réflexe immédiat de cracher le bonbon. Il est là, gesticulant, cherchant de l'air, de l'eau. Il rejette enfin le poisson – qui semble fumer en touchant le sol, comme de l'acide sur de la craie. Il avale son pastis. C'est bien pis : l'alcool augmente sa brûlure. Il prend feu intérieurement ! Il avale coup sur coup trois verres d'eau. Il ne peut toujours pas parler. Il bat des bras en tourniquet, comme les ailes des moulins à vent de Fontvieille…

Alors le Bombu triomphe, fier comme un coq qui serait maître de dix basses-cours ! Il s'enfle, il pérore, il raconte et raconte « sa » blague du poisson, narre la préparation du piège, jubile, se pavane sous des rires dont il n'est, pour une fois, pas la victime. Hypocritement, tout le monde plaint ce « pôvre » Batistou qui n'en peut plus de brûler et qui a l'impression que tout son corps se boursoufle.

Il part soudain comme une flèche, va se jeter dans la rivière qui coule le long du cours, et qu'à l'époque, Albert Artilland n'avait pas encore fait recouvrir (il l'a d'ailleurs sûrement fait pour cette raison !). Voilà Batistou couché de tout son long dans trente centimètres d'eau. Il y enfonce la tête, ouvre et ferme la bouche comme un poisson privé de l'élément liquide. Il « fait la carpe » pour la plus grande joie de tout le village rassemblé. Il y serait peut-être encore si des amis compatissants n'étaient venus le chercher !

Durant deux jours, il ne put boire que du lait. Trois jours après, il recouvrait en partie l'usage de la parole, sa langue ayant un peu désenflé. Mais longtemps sa gorge, son estomac se souvinrent de la fournaise.

Il fut la risée de tout Bédoin, puis de tout le canton, de tout le Vaucluse, de la France et peut-être, du monde entier !

C'est ainsi que le mot poisson est devenu synonyme de blague, que le « poisson d'avril » est considéré comme une journée de galéjade et que l'emblème du poisson, après avoir été celui des premiers chrétiens, devint l'image de l'humour.

Depuis cette époque, en souvenir de la journée mémorable, du poisson en chocolat et de la baignade dans la rivière, le 1er Avril est célébré pour la plus grande joie de tous. Il y en a qui disent que c'est à cause de l'ancien calendrier, mais nous savons bien, nous à Bédoin ou à Méthamis, que c'est à cause de Batistou et de la diabolique farce du Bombu !

Poisson qui s'en dédit.

Le mirage arlésien

Je viens d'une petite bourgade à côté de Lille. Dourges est une cité ouvrière tranquille. Ville de retraités de la mine. Je ne suis ni mineur ni Polonais. Je suis citoyen de cette ville.

Je me nomme… Non, il vaut mieux taire mon nom, ainsi vous pourrez vous identifier à cette histoire ou, la rejeter, en pensant que le Lillois était « fadoli »…

Disons qu'elle est d'actualité ; elle se passe hier ou avant-hier. Comme elle est véridique ou presque, je vais vous la conter moi-même.

Je suis marié, deux enfants, une fille et un garçon. Ma femme et moi, nous nous aimons, nous formons même, au dire de notre entourage, une belle famille. C'est vrai nous sommes « bien » tous ensemble, et après dix-neuf ans de mariage, je le confirme, notre union est réussie. Banal !… Pourquoi pensai-je à cela ? Justement parce que je m'ennuie de ma famille.

Je regarde, à mes pieds, couler les promeneurs sur le boulevard des Lices, depuis la chambre de l'hôtel Jules César. Dix-sept ans que je voyage. Je suis monteur et metteur au point dans une usine d'électronique à Lille. Dix-sept ans que je vis, cinq jours, parfois six sur sept, hors de chez moi. Et chaque soir, à la tombée de la nuit, un mal me prend, une angoisse me saisit. La solitude me pèse. Je me sens atrocement seul.

Accoudé à l'étroit rebord de la fenêtre… lorsque la ville ferme ses paupières, lorsque le bleu du ciel passe au mauve, que les rues se vident de toute activité, mon cœur se serre, il bat plus vite, une certaine tristesse me saisit.

Ce jour-là pourtant, la journée fut agréable. Je travaillais à Trinquetaille, dans une usine du quartier Vittier, route de Nîmes. C'était le premier jour du printemps. Nous avions œuvré dans la joie. Mes camarades du moment étaient charmants. Nous bûmes, dans les cafés de la petite ville de Fourques toute proche, de délicieux pastis. Surtout au rutilant « Mas des Piboules ». Avouez qu'au seul énoncé de ce nom… l'on sent l'ombre des piboules protéger le pastis, qui se distille alors mille fois mieux !

Ce jour-là donc, j'avais arrêté le travail à onze heures, ma tâche terminée, et j'étais parti seul, à la découverte de cette merveilleuse région. D'abord la Camargue, cette colossale contrée, vaste, mystérieuse, enjôleuse, qui étale ses villages fièrement, les ornant de noms de rêves : Salin de Giraud, Albaron, Saint-Martin-de-Crau – l'étang de l'Estomac, l'étang du Galejon… des lieux qui sentent l'air marin, le sel, l'espace, la vie.

La Camargue, cette Provence rhodanienne, serrée entre les deux bras vigoureux du Rhône, transpirait d'aise sous l'étreinte brûlante du soleil. Haut dans le ciel, l'astre ardent, tout rond, brillait dans l'immensité du ciel bleu, et, tel un aigle fou de colère, il crachait sa bave, sa bave incandescente.

Je savourais avec un rare plaisir cette chaude caresse, la première de l'année… Pâques approchait.

Détendu, joyeux même (la journée, c'est toujours ainsi !), je mordais à pleines dents le fruit juteux de ces heures exquises !

Saint-Gilles, les Saintes-Maries, toutes ces bourgades riantes, incrustent leur clocher sur la terre camarguaise, comme un pieu puissant, définissant dans cette plate immensité leur territoire, tout en la parant d'un large collier de tuiles rouges.

Je vécus une journée agréable, faisant ample moisson d'air pur et d'images étincelantes. Je rejoignis Arles, au moment où les couleurs du soir illuminaient de pourpre la face impérieuse de ses arènes. Qui n'a jamais vu, au couchant, les créneaux et les remparts du vaste mur des arènes, rougis de soleil, se détachant sur le bleu mauve du ciel, n'a rien vu !

J'aurais pu être gai, heureux, plein d'alacrité, alors pourquoi tant de langueur en regardant la ville se parer avant la nuit ? J'essayais de ne penser qu'à l'extase des moments heureux de l'après-midi, mais seul, dans cette chambre, mon cœur se refusait à toute allégresse. Ce soir-là encore, je sombrai vite dans la mélancolie.

D'une autre fenêtre, donnant sur une rue voisine, je pus voir, avec envie, les appartements des immeubles voisins s'animer un à un. Je surpris certaines intimités. Certaines scènes familiales et familières me troublèrent, je pensai : « Ils ont de la chance »… et ce sentiment hectique ne quittait pas mes pensées. Triste, je détournai la tête : je découvris ma chambre « anonyme » : vide de sensation, vide d'intimité, vide, vide.

Une force incoercible m'obligea à sortir. J'allai cacher ma déception et mon ennui au restaurant. La chaude ambiance des convives, l'ironique verve méridionale, la joie qui transpirait dans chaque propos, chaque parole, chassèrent sur le moment une partie de mes idées noires… Avez-vous eu l'occasion, de dîner seul, quatre ou cinq soirs de suite, chaque semaine, et durant plusieurs années ?... Croyez-moi, vous ressentez plus de morosité que d'allégresse, sauf bien entendu, si une femme acariâtre, et des enfants « insupportables » vous attendent chez vous...

Je dînai sobrement, sans appétit. L'idée de retrouver ma chambre ne me souriait pas du tout. Je décidai de flâner dans les rues, le vague à l'âme, cherchant sans espoir un dérivatif quelconque.

Une débauche de lumière, de la musique douce, je m'arrête. Je suis devant un cinéma : le « Fémina ». Tout un programme à l'affiche : Depardieu et Clavier dans *les Anges gardiens*... Tiens pensai-je, voilà un remède idéal.

Le film vient juste de débuter. J'entre. Je m'engouffre dans le noir. Je me glisse entre les fauteuils, je trouve une place presque au centre de la salle. Les rires spontanés et contagieux secouent ma torpeur et, bien vite, je réagis favorablement aux facéties et aux drôleries du scénario.

Une joyeuse exclamation, pleine de jeunesse et d'ardeur jaillit à ma gauche ; je jette un coup d'œil furtif. J'entr'aperçois une jeune fille. Machinalement, je laisse vagabonder mon regard sur elle. Je pense soudain : « Dieu qu'elle est belle ! » Me voilà lancé dans une irrépressible gymnastique visuelle. De l'œil droit, je suis le déroulement du film, de l'œil gauche, je viens à la « découverte » de mon inconnue... Voilà bien longtemps, que je n'avais ressenti une telle exaltation !

Involontairement (ou presque !) mon pied gauche se déplace doucement, jusqu'à heurter la chaussure de ma voisine. La jolie spectatrice éloigne, sans grande conviction me semble-t-il, sa jambe, tout en me regardant et me détaillant un peu effarouchée, mais nullement courroucée.

Profitant d'un rire général, je m'enhardis, et cette fois

c'est mon genou qui se colle au sien. Elle ne rompt pas ce galant contact. Je n'avais jamais fait ces gestes auparavant, c'était la première fois que je tentais une telle approche…

Surpris, je l'avoue, je pousse plus loin l'aventure. Ma main hésitante se pose sur son bras frémissant. Mes doigts doucement palpent sa chair chaude et douce. Il me semble ressentir un léger frisson. L'inconnue, enjouée, se tourne vers moi, et son visage s'éclaire d'un sourire malicieux.

Curieux, je poursuis en silence mes investigations… Les rumeurs de la salle, les facéties des acteurs me laissent indifférent. Mon cerveau, entièrement occupé ailleurs, ne suit plus du tout le déroulement du film. Je regarde l'écran pour n'y voir que des ombres chinoises. La salle me semble vide ; plus rien ne compte, nous ne sommes plus que toutes les deux, elle et moi.

Elle se rapproche de moi. Ou c'est moi qui me rapproche d'elle. Bref ! le résultat est le même, nos épaules se touchent. Je l'enlace… nos visages se frôlent. Nos regards se fondent. Subitement, tel un affamé d'amour, je mords goulûment ses lèvres offertes. La fraîcheur charnue de sa bouche avive mon désir. Vorace, je goûte sans retenue à la douce mollesse de ce bulbe savoureux qui s'entrouvre comme une fleur épanouie sous la rosée.

Tout à coup, en plein émerveillement, je prends conscience de l'incongruité du moment, j'ai honte de la situation, honte de mon comportement. Que doivent penser les personnes derrière nous ! Je sens leurs regards ironiques se poser sur ma nuque.

Je me dégage doucement, avec autant de précaution que si je posais dans une coupe un fruit trop mûr, sans quitter des yeux ma partenaire qui ne sourit plus, mais dont le regard est chargé de désirs.

Oppressé, le cœur battant, je chuchote d'une voix que je ne reconnais pas :

« Vous aimez le film ?

– Oui, pourquoi ?

– Parce que nous aurions pu sortir ? dis-je câlin.

– Ah ! Oui, volontiers ! »

Et nous nous levons.

La fraîcheur de la nuit ne me dégrise même pas. Je tiens par le bras ma belle inconnue, que je vois enfin dans toute sa splendeur. Sous les puissants néons du hall du « Fémina », je l'admire. Elle est belle. C'est Brigitte Bardot, là, sous mes yeux ! A même hauteur, j'avance mes lèvres, et je touche les siennes…

Belle, belle ! une pensée saugrenue me traverse l'esprit : pourquoi une telle beauté, est-elle seule ? Pourquoi une si rapide et si incompréhensive conquête ? Mon ardeur s'éloigne. Je redoute quelque machination (Je vois trop de films !) Je ne suis plus aussi empressé, je la serre contre moi avec moins de tendresse ; elle semble s'en apercevoir.

« A la lumière, je te plais moins ? demande-t-elle, boudeuse.

– Au contraire, dis-je tout de go, je suis surpris par ta beauté : elle me fait peur. Tu n'attendais pas après moi ? Pourtant tu as de quoi charmer n'importe quel homme ?

– Ecoute ! répond-elle après une courte pause, bien sûr je n'attendais pas après toi mais, je ne sais pourquoi, ton contact m'a tout de suite séduite, exaltée, et j'ai pensé en hâte, sans réfléchir : pourquoi pas ? »

Pourquoi aurais-je des doutes ? Elle est distinguée, sa robe légère est de bonne coupe et moule à outrance un corps de rêve… Je ne suis pas hédoniste ! mais là pourquoi me priver ?

D'autant plus qu'elle n'est nullement vulgaire, son langage est correct, choisi même. Elle est parfumée sans excès d'un parfum de bon faiseur. Son alliance ceint un doigt soigné... Bref !

Nous cherchons un café... Arles n'en manque pas, surtout place du Forum, ou avenue des Lices, en ce soir merveilleusement animée. Nous nous attablons. Elle semble détendue, un peu craintive, elle recherche une table isolée. Aidé sans doute par le verre d'alcool, je reprends confiance. Je me fais enjoué, séducteur. J'entrevois une « aventure »... chose que j'avais négligée depuis plus de quinze ans... Négligée ? Il est vrai que je n'avais encore jamais ressenti ce besoin jusqu'à ce soir... Ma jeunesse remonte en moi ! J'ai quarante ans, est-ce le démon de Midi ?

Mon esprit avivé d'une ardeur subite me dicte des mots... des mots d'une banalité extrême, pourtant j'hésite encore à les prononcer. Je ne suis pas arrêté par l'idée de tromper mon épouse ; au contraire. C'est poussé par la tristesse de ma chambre d'hôtel et la solitude qu'elle engendre, que mon envie me dicte de mener plus avant cette aventure naissante.

Subitement mon appétit est plus vif. Je me libère de ma brûlante question :

« Il est tard, voulez-vous que je vous raccompagne ?

– Non, dit-elle avec une moue gracieuse, je ne veux nullement vous obliger...

– Ne croyez pas cela, bien au contraire. Jamais promenade ne me paraîtra plus séduisante, dis-je enjôleur.

– En ce cas je veux bien ! » répond-elle, rieuse.

Il fait une brise légère, presque fraîche ; ses cheveux volettent, parant son visage d'un voile irréel, tout comme la cendre impalpable et douce environne la flamme.

Ainsi, pensai-je tout en marchant, elle n'a aucune retenue, elle accepte sans condition que j'aille chez elle. Mais suppose-t-elle, comme je l'espère moi-même, un dénouement galant ? Inquiet, je veux aller plus avant dans mes déductions, afin de concrétiser mes espoirs.

« Mais cela ne risque-t-il pas de vous compromettre ?

– Pas du tout ! j'habite une petite villa tranquille.

– Vous n'habitez pas en ville ? dis-je, satisfait.

– Mais si, c'est à peine à une demi-heure de marche. A côté de la gare, au début de Montplaisir.

– C'est à l'opposé de mon hôtel, il faudra donc que vous m'offriez l'hospitalité ! »

Lucie, car elle s'appelle Lucie ! me regarde en souriant, me faisant « languir » sa réponse. Ses yeux de cristal mordorés étincellent dans la nuit. Ses lèvres gourmandes frissonnent. Malicieuse et amoureuse elle répond :

« Y tenez-vous tant que cela ? »

Je lui presse langoureusement le bras ; je réponds dans un souffle, y mettant tout mon drame : « Plus que jamais... »

Pendant que nous marchons, en silence, afin de me pénétrer tout à fait de ce bonheur subit, une noire pensée surgit et m'oblige à demander :

« Vous vivez seule, ainsi retirée ?

– D'abord, je ne suis pas retirée, dit-elle joyeuse, mais seule oui. Mon mari est constamment en voyage et, Dieu merci, je n'ai pas d'enfant. »

Sa réponse, franche, naturelle, me va droit au cœur, qui la reçoit comme une décharge électrique. Mon angoisse reprend, l'incertitude surgit de nouveau. Pourquoi toujours ce sentiment nocif ?

Donc, pensai-je, son mari voyage, tout comme moi... Horrifié, j'imaginai ce pauvre diable, seul, cafardeux, solitaire, dans sa chambre d'hôtel, impersonnelle, sans vie, pensant à son épouse ! Mais au fait la mienne que fait-elle ?

D'accord, j'ai deux enfants qu'elle ne laisse jamais seuls. Jamais seuls ? ça, je l'ignore !

Ce n'est pas drôle de vouloir, après dix-neuf ans de mariage, tromper sa femme ! Je suis assailli de trop d'idées noires, de suspicions, un état de malaise m'étreint. J'entrevois les pires conséquences à cet acte. Aurais-je à faire à une professionnelle du racolage ? à une aventurière ? à une grande amoureuse ? Et si elle fait un scandale ? Et puis, est-elle saine ? La crainte d'une maladie sexuelle m'obsède… mais, bon sang, où vais-je chercher tout ça !

Prenant ma dernière cigarette, je fume avec application pour me donner une contenance.

« Qu'avez-vous ? me demande Lucie, pourquoi ce silence ?

– Ce n'est rien ! Je pensais que je n'avais plus de cigarettes.

– J'en ai chez moi, dit-elle, câline. »

Que répondre ? La raison me dit de fuir, mon désir dit le contraire. Il me faudrait un signe du destin. Ouf ! voilà ma planche de salut : nous arrivons, rue Anatole France, devant un bureau de tabac encore ouvert à cette heure tardive, c'est un signe !

« Je préfère mes cigarettes. D'ailleurs, il m'en faut une cartouche », dis-je, forçant la douceur de mes propos. Je poursuis mielleux : « Excusez-moi un instant », et sans plus attendre, je fonce dans le bureau de tabac.

Interloquée par mon départ subit, Lucie reste dehors. Dans le bar, quelques clients attardés, un peu amorphes, un peu ensommeillés, bref des piliers de bar sans importance. La salle est sombre, enfumée, une lampe unique diffuse une clarté jaunâtre. Tout me paraît triste et gris, et je n'ai pas moi non plus le cœur à rire.

Sortant comme un pantin, hirsute et sans ressorts, de sa boîte, le tenancier, doucement, émerge de sous son comptoir. Sans prononcer une parole, d'un seul mouvement du menton, il me fait comprendre : « Que veux-tu ? ».

« Je voudrais un paquet de cigarettes, des Royal menthe légères. »

En payant, je demande : « Avez-vous une autre sortie par derrière ? »

L'homme cligne des yeux, il semble réfléchir. Sa réponse doit avoir fait trois fois le tour complet de son crâne avant de sortir. Il se penche pour scruter le trottoir. Il ne voit que « BB » Lucie... Posément alors, il me regarde, me dévisage intensément, ne comprenant pas... Toujours sans parler, d'un signe du menton, il m'indique une porte derrière moi, sur la gauche.

Sans demander mon reste, je m'éclipse, mais au moment où je vais ouvrir la porte marquée “privé”, le peu loquace tenancier me précise :

« Fais pas “entention” au chien. Il est gros, il aboie, mais il mord pas... enfin, pas tout le monde ! En général s'il aboie c'est pour de rire... »

Je me retrouve sans encombre dans la rue de derrière, libéré. Je marche longtemps pour rejoindre ma chambre. Je ne veux penser à rien, mais j'ai le cœur libre, heureux, rasséréné. Avec toutefois un sentiment de frustration.

J'arrive devant mon hôtel ; les énormes néons illuminent la rue : « Qu'il est beau cet hôtel ! » pensai-je, un peu sournois.

Allongé sur le lit, dans cette même chambre anonyme, j'attends le sommeil. Le bout incandescent de ma cigarette, seul point rouge dans l'obscurité, anime la pièce et me tient compagnie. Je n'ai même pas allumé la TV.

Je n'arrive pas à classer mes pensées. Je me sens satisfait, mais dépossédé de « quelque chose ». Mes yeux grands ouverts fixent vaguement le plafond. Je regarde distraitement les ombres faites par les traits de lumière qui se glissent à travers les persiennes des volets.

Tout à coup, je ne sais pas si j'ai rêvé ou ressenti la chose, mais ces ombres prennent forme humaine. La silhouette de Denise, ma femme, apparaît. Elle rit, moqueuse, effrontée. Elle embrasse, l'un après l'autre, toute une rangée de bellâtres, jeunes et vieux. Je suis du lot. Je suis le seul que Denise n'embrasse pas. Je veux crier, mais ma voix ne porte pas. Ma femme, coquette, débauchée, s'amuse follement, faisant exprès de me ridiculiser. J'ai mal, très mal.

Troublé et inquiet de cette étrange vision, je soupirai profondément pour me détendre, et doucement je repliai mes bras sous ma tête. Je fermai les yeux fortement jusqu'à me faire mal, mais ma vision revint plus nette encore. Le visage aimant de Denise s'approcha de moi cette fois.

J'ai ses yeux tout près des miens, si près qu'ils font, entre nous, comme deux petits lacs bleus irisés de soleil.

Belle comme je ne l'ais encore jamais vue, Denise me sourit. Je suis enfin libéré de mon angoisse. Je suis heureux, comme lors de notre premier baiser.

Elle a tourné la tête vers moi ; ses cheveux, léger voile soyeux, éclaboussent mon visage… Instinctivement, j'ai un geste vif pour écarter cette chevelure qui gratte ma joue… Ce geste me réveille ! Je suis en nage, abasourdi.

J'ai rêvé !…

Assis sur le lit, encore tout habillé. Mes doigts fébriles écrasent une larme… une larme bien réelle… Qui n'est pas un mirage d'amour.

Initiation camarguaise à la vie de couple

Ils chevauchaient côte à côte, lui, le gardian, droit, fier, sérieux, presque arrogant, et eux : Monique et Jean assis en croupe, serrés l'un contre l'autre, penauds, discrets, pensifs.

Rompant un silence pesant, le gardian goguenard demande à Jean :

« Alors comme ça, vous tenez tête au taureau ?

– Voué ! » acquiesce-t-il sans conviction.

Les deux jeunes gens se regardent sans un mot, dédaignant de répondre avec plus de précision à l'ironique question de ce gardian, qui, fièrement, en sauveur, ramenait le couple au mas de Méjanes.

Jean avait l'œil gauche fermé, et certainement douloureux. Il ne pouvait regarder Monique que de l'œil droit, boursouflé aussi, ne valant guère mieux que l'autre. Son visage tuméfié, commençait à virer au violet. Monique, pâle d'émotion, se laissait consoler par les bras protecteurs de sa mère, à présent rassurée, tout comme les autres personnes présentes.

Le jeune homme, meurtri dans sa chair et dans son amour-propre, récapitulait les heures tragiques qui venaient de s'écouler.

Le silence était total. Seuls, au-dehors, les cris des oiseaux du Vaccarès donnaient de la vie au mas. L'esprit de Jean vagabondait… surtout depuis que le gardian racontait l'odyssée « des fiancés du Vaucluse », comme il disait en riant… Jean n'écoutait pas, il préférait se souvenir de cette fin de semaine qui s'annonçait merveilleuse.

Levé de bonne heure, ce samedi matin, il avait traversé Orange, dans le calme et la fraîcheur. Jean était Orangeois, fier de l'être. Il habitait avenue A. Artaud, presque à l'angle de l'avenue de l'Arc, et tous les soirs, il pouvait admirer le mauve du soleil couchant qui colorait la façade altière de l'Arc de triomphe.

Jean, accompagné de ses parents, allait donc faire sa demande officielle. Le moment le plus délicat serait le premier instant : voir tous les regards posés sur lui l'embarrassait un peu, et, pour se conformer aux usages de la belle-famille (il faut dire que les Deferjoie étaient « presque » nobles), il devait respecter le rituel ancestral : les bonnes manières, les principes, même désuets, les traditions tenaces et rigides.

De ce fait, les instants d'intimité avec Monique étaient toujours réduits au minimum, et toujours en présence d'un membre de la belle-famille... Il fallait qu'avant le déjeuner, ses parents à lui, demandassent (respectons le rituel) la main de Monique à ses parents à elle. Son père à lui n'avait pas mis les gants blancs, c'était un peu dérisoire, ni les jaunes en pécari, mais le chapeau en taupe du père de son père, ce qui était encore plus ridicule que les gants. Mais c'était comme ça !

« Troun de l'air !, tonitruait son père. Avec "ces gens", il faut de la classe. » Lorsqu'il disait « classe », sa bouche n'était pas assez grande pour prononcer le mot.

Tout se passa à merveille. De la demande en mariage aux liqueurs, tout fut parfait ; l'ambiance était passionnée, chaude, endiablée, orchestrée par un chaleureux vin de Flassan, du domaine des Van. Personne pourtant ne dépassa jamais la limite... Même le beau-frère de Monique, Boro, n'avait pas trop bu... mais comme à ses plus beaux jours

« éméchés », il entonna *Rossignol de nos amours*. Il nous charma ensuite par des mimiques hilarantes. Du bras, il imita durant un bon quart d'heure l'éléphant qui va boire… un moment d'anthologie !

Dehors, il faisait 30 degrés à l'ombre, Boro dit alors :

« Ça n'a pas d'importance, allé zou ! sortons, on n'a qu'à pas se mettre à l'ombre ! »

Nous sortons. A la gauche du restaurant du Mont Ventoux, les invités peuvent admirer à loisir le géant de Provence. Si près, qu'ils pourraient le toucher du doigt ce merveilleux Ventoux, traçant par de larges traînées d'ombre le dessin de ses « combes » qui donnent à cette montagne ses lettres de noblesse. Le moment était magique et, bien que toutes les âmes présentes n'eussent (toujours le rituel !) point besoin de ce roboratif paysage pour être en liesse, l'oncle Boro chantait toujours *Rossignol* (dans l'indifférence générale…) Tous garderaient en eux cette image de joie, et les instants idylliques de la journée mémorable des fiançailles.

Le lendemain, dimanche, la fête continuant, le futur beau-père de Jean, un « aficionado » acharné, les invita en Camargue pour une « ferrade », fête traditionnelle locale où l'on marque de jeunes taureaux à l'emblème de la manade.

Trois voitures quittèrent Flassan assez tôt dans la matinée pour être à Méjanes avant onze heures, début de la ferrade.

Méjanes est un mas merveilleux, niché en plein cœur de la Camargue, le long du Vaccarès. Le maître des lieux – il y vivait souvent – était le père du fameux pastis de Marseille : Paul Ricard. Ah… ! souvenirs, souvenirs… A cette époque, vers les années cinquante, Paul nous a fait là-bas de véritables fêtes de l'amitié, avec tout l'amour et toute l'affection qu'il portait à ses invités.

Mais revenons à nos « tourtereaux ».

A partir de maintenant, je vais donner la parole à Jean qui va vous expliquer son « aventure ». Le récit sera plus vivant, mais aussi totalement véridique, puisque c'est lui qui raconte !

« Toute la matinée, afin d'être "sages" comme des fiancés des années vingt, nous allions, chaperonnés, encerclés par nos deux familles vigilantes, nous mêler à la foule diaprée des spectateurs. Après la ferrade et les apéritifs, ce fut le repas en commun... Depuis deux jours, impossible d'avoir un tête-à-tête amoureux ou un moment de répit avec Monique... et nos âmes amoureuses rêvaient de sacrifier à Eros ne serait-ce qu'un quart d'heure de solitude !

Après le café, enfin, cet instant arriva. Je revois ce hasard, la manœuvre fortuite, banale, non préméditée qui nous permit subrepticement de quitter la famille et de nous glisser très vite hors de la vue de tous. Nous nous aventurâmes à travers les terres labourées, en attente des semailles du fenouil et de l'anis, soulevant de nos pas incertains d'impalpables nuages de poussière. Le long des "roubines", les tamaris rabougris nous faisaient la révérence, de leurs branches tombantes.

Nous étions seuls, loin du tumulte, avec, pour compagnes, les bécassines apeurées, et qui fuyaient à notre approche en décrivant de larges "s" dans leur vol précipité. Les flamants craintifs s'envolaient dans un nuage rose. Le lapin, accablé de chaleur, nous saluait de sa petite queue blanche. Monique et moi, seuls au monde, enlacés, nous marchions, heureux de vivre cet instant. Je sentais enfin les contours de son corps, ma main docile et contrôlée effleurait son épaule nue sous sa robe légère, puis descendait jusqu'à la taille ; sa chair vibrait, tendue, chaude. Afin de mieux pouvoir la serrer contre moi, je la soutenais "fort" pour sauter les "roubines". A l'ombre des arbrisseaux, nous goûtions pleinement une paix immense, dans un site grandiose.

Un bruit insolite, soudain, attira notre attention et arrêta un instant notre conversation. A travers les branches clairsemées, j'aperçus un taureau... Saisi de crainte, j'enlaçai fébrilement ma compagne, qui s'étonna de ma fougue subite... A cet instant, la bête meugla puissamment. Ce cri énorme nous glaça d'effroi. Surpris, épouvantés, nous nous serrâmes sans bouger, ne sachant plus lequel des deux protégeait l'autre.

La bête massive évoluait à moins de vingt mètres, inquiète, humant l'air de son mufle baveux. Son œil, noir et vindicatif, semblait nous chercher. Le moment de stupeur passé, je constatai en fait la passivité relative du "monstre". Je remarquai que ce taureau, n'était qu'un des anoubles* marqués ce matin à la ferrade. Belliqueux soit, dangereux, sans plus. Dès lors, rassuré, ma peur disparut. Je pus examiner la situation, sous l'œil admiratif de Monique ! Il n'avait que des cornes à peine formées, longues de dix centimètres. Tout juste un veau qui n'avait pas encore l'instinct du combat. C'était encore un bébé... mais, qui pouvait faire des bosses...

"Bon, voyons ! dis-je, bravache. A droite, c'est l'enclos... qui se trouve à trois cents mètres... tout de même !

– Bou diou, se lamente Monique, nous n'y arriverons jamais !

---

* Jeunes taureaux (taurillons).

– N'aie pas peur ! je vais trouver un moyen… Tiens, à cent mètres à gauche, il y a un gros saule, voilà notre planche de salut. Allez Monique, vas-y…, vite !

Ma fiancée, très pâle, me jette un regard empli de crainte. Elle articule faiblement, presque inaudible :

– Mais, chéri, c'est loin, j'en ai pour un "brave" moment pour y aller, et j'ai drôlement peur !

– Que non… tu vas y aller doucement, sans courir, et pendant ce temps, je vais occuper le taureau.

– Bonne Mère ! tu es fada. Tu veux notre mort ! C'est la première fois de ta vie que tu vois un taureau, et tu veux 't'occuper' de lui ?"

Sa terreur stimule ma bravoure ; je trouve là, grâce à ce jeune animal inoffensif, l'occasion de montrer ma détermination, ma supériorité de mâle ! Je veux prouver à ma fiancée, face à ce danger "hypothétique", que mon courage est réel, que je suis valeureux.

"Et alors, oui, c'est la première fois que j'en vois un, mais je sais comment m'y prendre va ! allez *fadoli*, file vers l'arbre !"

Monique, tétanisée, a les yeux fixés sur un point imaginaire de l'horizon. Pour la tirer de cette léthargie, je dois la secouer assez rudement.

"Tu m'écoutes, oui ? Allez, file !

– Mais, mon Jean, j'ai trop peur, dès que je serai debout, il va me foncer dessus.

– Tu es bête, puisque je te dis que je te protège. Té, tu vas voir !" Joignant le geste à la parole, je quitte ma chemise blanche ; la brandissant à bout de bras je me lève et, tel un matador, je m'avance vers le taurillon… je crie à Monique : "Maintenant, file vite, qué !"

Devant ma résolution et l'avantage de notre situation,

Monique obtempère. En quelques secondes, elle se trouve à l'abri sur l'arbre salvateur. Je lui conseille pourtant :

"Monte un peu plus haut. Et je l'entends crier :

– Jeannot viens vite, ne me laisse pas seule !

– Calme-toi ! Tout va bien ! Je vais aller chercher un cheval pour te tirer de là ; ne bouge pas, je reviens avec un gardian, d'ici un quart d'heure."

Il m'eut été facile d'aller chercher du secours... mais pour si peu, je pouvais me débrouiller seul, et éloigner cette vachette peu agressive. Sa couardise d'ailleurs excita ma bravoure. Aussi, je défiai la bête, la forçant à reculer, tête basse...

J'en fis trop ! Las de fuir, le taureau s'arrêta. Il sentit monter en lui son instinct de combat. Il attaqua... ma suffisance s'estompa. Mais j'eus le courage, ou l'heureuse idée, de ne pas fuir. Les pieds bien campés, chemise flottante mise en avant, déportée un peu sur la droite, j'attendais la charge. La bête désordonnée passa du côté de l'étoffe que je venais d'activer. J'étais fier, je remarquai à peine ma chemise déchirée. Cette cape improvisée, trop légère et surtout mal tenue, n'avait pas supporté la charge ! Les cornes quoique naissantes du jeune taureau avaient tout de même troué ma chemise. La bête, sur sa lancée, s'arrêta cinq mètres plus loin, surprise autant que moi ! Elle, de m'avoir "manqué", moi de l'avoir "esquivée"... D'un dédaigneux coup de tête, elle se débarrassa du lambeau de toile blanche, et sans attendre, sans qu'il y ait eu provocation de ma part, elle réitéra sa charge.

Ma pâleur effrayante eut sûrement stoppé toute velléité chez un humain, mais l'animal n'en eut cure... il attaqua de nouveau. Je fis bien un pas de côté, mais mon esquive, trop tardive, ne put empêcher le poitrail de la vachette de me heurter. Bousculé, je roulai sur la terre desséchée.

Un cri perçant fendit l'air, était-ce mon cri ou celui de Monique ? Je fus à peine au sol, que le jeune "fauve" vint, de son mufle rageur, venger son premier affront. Ses courtes cornes, n'arrivaient pas à me crocheter, mais je sentis sur tout le corps la douleur de plusieurs coups puissants et vifs. Plus je roulais sur moi-même, plus la paisible vachette s'excitait contre moi. Malgré la protection qu'essayaient d'exercer mes bras, mon visage subit atrocement la rudesse de l'acharnement bestial. Outre les meurtrissures, j'avais le visage "pégueux" de bave… !

Tout à coup, aussi inopinément qu'il avait commencé sa charge, l'anouble se détourna de moi. Fier et dédaigneux il s'en alla paître un peu plus loin.

"Jean, mon Jean, au secours !"

Une pensée idiote traversa mon esprit : "Qu'est-ce qu'elle est peureuse la petite !"

La tête endolorie, je me levai péniblement, aiguillonné de douleurs. Par mon seul œil encore valide, je vis un tableau effroyable, terrifiant ! La vachette était toujours là, mais deux autres véritables taureaux l'accompagnaient. Le trio était en éveil, le mufle haut, la queue cinglant l'air comme un fouet en colère. Les cornes des deux nouveaux arrivants étaient mortelles, bien plantées sur leurs têtes puissantes, elles zébraient l'air de leurs aiguillons acerbes.

Ces deux-là n'étaient même pas les parents de la vachette, mais deux *toros*, en attente de corrida… Il devait même y en avoir encore cinq ou six autres alentour… Je paniquais !

J'étais à cinquante mètres du saule, les bêtes à égale distance. Sur la droite, Monique hurlait son désarroi :

"Mon Jean, mon amour, tu n'as pas mal ? Viens vite, je vais m'évanouir… !"

Pour moi, la situation était encore plus dramatique. Au moindre mouvement, l'un d'eux, sinon les deux ou trois taureaux bondiraient vers moi. Rester là, à découvert, c'était aller à une mort certaine, d'autant plus que les bêtes n'étaient absolument pas calmes ! Les deux adultes rechignaient. L'un raclait de son sabot rugueux le sol argileux qui s'émiettait, l'autre labourait furieusement la terre craquelée, faisant voler de larges mottes de terre sèche avec ses cornes.

Ma résolution fut vite prise. J'avais dix secondes pour aller au saule ; les taureaux, même pas cinq secondes ; mais si j'arrivais à les surprendre, et à courir vite, je pouvais leur prendre quatre ou cinq secondes d'avance. Le coup était jouable, et je n'avais pas le choix. Je bondis vers Monique, dont les sempiternels hurlements s'arrêtèrent net.

Je courus, comme si j'avais la mort aux trousses… et je l'avais bel et bien ! Mes douleurs s'estompèrent, un regain de puissance me propulsa en avant, mon cœur allait éclater… J'étais sous le saule, je m'envolai vers une branche à deux mètres du sol, je n'arrivai pas à me rétablir ; j'entendais la charge de la brute. J'étais pendu comme un pantin désarticulé, une proie facile ; le souffle de la bête était là…

D'un effort surhumain, je hissai mes pieds, et je me retrouvai sur la branche… mon Dieu qu'elle était légère ! Je vis le taureau passer sous moi, cornes en avant ; il ne put m'atteindre… j'étais sauvé, si… si la branche tenait ! J'étais en équilibre instable ; la branche plia… Monique, au-dessus de moi, me tendit la main, je la pris. Je me hissai à ses côtés, sauvé !

Nous reprîmes nos esprits, puis Monique me dit, les larmes aux yeux et le cœur oppressé :

“Mon ‘pôvre’ chéri, que je suis ravie de te voir. J'avais peur de m'évanouir !

– Ah bon ! dis-je, distant, me voilà rassuré pour toi…

– Mais c'est que j'avais peur pour toi aussi… et puis c'est de ta faute, pardi !

– De ma faute ? dis-je outré !

– Bé alors, tu n'avais qu'à pas m'emmener ici… Surtout pour faire ce qu'on a fait !

– Qué toupet, dis-je énervé – garde tes larmes, tu en auras encore besoin, nous ne sommes pas sauvés pour autant."

Après avoir tourné plusieurs fois au pied du saule, les bêtes se calmèrent. Elles s'allongèrent, plongées dans un apparent sommeil. Indolence plus sournoise que pacifique.

Là-haut dans le ciel, le soleil, rouge d'ardeur et de colère se révoltait et crachait dans le bleu de l'azur son écume incandescente. Il inondait la Camargue de son panache de flammes, la terre se craquelait, plaintive. Nos langues enflées ne pouvaient plus se mouvoir dans nos bouches desséchées.

Enfin, quatre heures plus tard, presque à la tombée de la nuit, trois gardians, mandés par nos parents inquiets, vinrent nous délivrer. Depuis une heure ils parcouraient lande et marécages. L'un d'eux nous dit :

"Jamais nous n'aurions pensé que vous viendriez dans la réserve des bêtes… !

– Mais comment le savoir ? Rien n'est marqué !

– Et l'enclos alors ? Vous l'avez franchi… !"

Nous voilà en croupe sur l'un des chevaux de Camargue, Monique et moi, comme Frédéric et Mireille… mais nous, nous sommes penauds, silencieux, honteux.

Rentrés au mas, nous devions sentir les rires couverts, les regards inquisiteurs nous engluer de honte. Boro, qui ne chantait plus *Rossignol*, trouva le moyen de nous ridiculiser encore plus, en disant :

“Ce devait être beau à voir, l’homme et le taureau se battant à découvert ! Lui, luttant pour la fierté de son espèce, et toi, petit belluaire, roulant à ses pieds ! Sentencieux, il poursuivit en précisant : tu as eu beaucoup de chance. Inconscient ou benêt, tu auras au moins appris que la témérité, si elle n’est pas contrôlée, est dangereuse.”

Monique, qui avait repris ses esprits et son assurance, vint à moi pour me réconforter. De son corps, elle fit un rempart aux attaques ironiques dirigées contre moi. Elle se blottit dans mes bras, m’embrassa et dit à la cantonade, d’une voix sans réplique :

“Il est ‘brave’ et courageux ; il m’a sauvé la vie, qui peut en dire autant ici ?”

Le silence se fit, pesant, révélateur.

Eh oui, pour un souvenir de fiançailles… on peut dire que c’en est un ! »

Le loto miraculeux

Il flottait dans la pièce une discrète odeur de pin, mêlée intimement à l'agréable senteur de résine brûlée coulant, comme des larmes, d'une bûche qui fondait au milieu de la rustique cheminée provençale. Hésitante, une jaune et capricieuse clarté, précisait ainsi les contours de la cuisine où tout semblait sommeiller.

Le « cabanon » délicatement aménagé, n'était pourtant qu'une baraque de deux pièces, isolée tout au fond de la rue Pierre Sémard, bien après le cimetière.

Complice du silence, que soulignait le vacarme du vent soufflant au-dehors, la voix de Sylvaine, la grand-mère, s'éleva jeune et cristalline :

« Vois ! ma caille. C'est bientôt Noël ! Aussi, ce soir, je prends tous mes sous et je te paie le loto.

– Oh ! Mamé ! c'est vrai ?

La joie illuminait le visage d'Alphonsine.

– Oui ma chérie, c'est que tu as été "brave" tout le temps, alors qui sait ? tu l'auras, peut-être, ta dinde pour le réveillon ! (Alphonsine, malgré ses 13 ans, n'avait jamais encore mangé de dinde, et sa grand-mère peut-être non plus.)

– Le loto ! la dinde ! le réveillon ! Oh ! mamé que tu me fais plaisir… !

– Té ! tu vois, on a pour acheter trois cartons. Si la Bonne Mère est avé nous, elle nous fera gagner. Dis, Sainte Vierge, implore la vieille, tu seras avé moi, qué ? Oh ! c'est pas pour moi, c'est que pour la petite… »

Il faut vous dire que le loto, en Provence, comme le réveillon ou la messe de minuit, c'est une tradition ancestrale, immuable, qu'aucun bon Provençal ne voudrait transgresser.

Le loto est devenu une institution : on a d'abord joué au loto pour gagner dindes, lièvres, grives, puis cochons, veaux ; ensuite – beaucoup plus luxueusement ! – pour gagner des automobiles, et à présent deux ou trois « sociétés ou associations » font loter des villas ! Mais nous sortons là de la tradition familiale. Il y a seulement dix ans, la « soirée loto » était une soirée conviviale en famille et entre amis. Dans tous les villages de Provence (et peut-être des départements voisins, imitateurs !), huit jours avant Noël, tous les cafés, à tour de rôle, luttaient d'astuces et d'attraits, s'enorgueillissant d'offrir les plus beaux lots. Dindes, canards, lièvres, faisans, perdreaux ornaient de leurs dépouilles pantelantes la glace embuée des établissements ; les plus artistes traçaient au blanc de Troyes et en lettres majuscules : « CE SOIR, GRAND LOTO ». Les esprits s'échauffaient, tout le monde rêvait. La soirée était retenue depuis longtemps.

Prélude à la fête, aux agapes, au recueillement, le loto, mieux que l'étoile du berger, annonce à la ronde la Nativité. C'est pour les laïques, les athées, ou les croyants, l'occasion rêvée de se rencontrer et de passer une soirée entre amis.

Mais revenons à notre histoire !

Auprès d'un cyprès, dans un cabanon aux tuiles rouges disjointes, vit chichement – avec, pour seul revenu, la maigre retraite de son mari, ancien employé de la ville de Nîmes – une grand-mère, avec sa petite-fille, Alphonsine. Sylvaine, la grand-mère n'a jamais voulu garder les modestes rentes provenant d'une assurance reçue aux décès de sa fille et de son gendre, tués dans un accident. Cet argent est mis sur le « livret de la Poste », pour Alphonsine.

Sylvaine vit très petitement et, souvent, seul un brouet clair fait office de repas. Ses vêtements usés sont rapiécés, mais propres. Alphonsine est tenue avec soin. La vieille reporte tout son amour sur elle. C'est son seul trésor, aussi elle le défend farouchement contre les vicissitudes de la vie.

L'âge de la fillette ? Difficile à dire, si on ne le savait. Ses traits sont accusés par une peau brûlée de soleil. Alphonsine travaille déjà aux champs et son visage, pourtant illuminé par des yeux clairs et perçants, ressemble à celui d'une grande personne qui serait déguisée en enfant.

Elle est assise devant une cheminée rustique, dans laquelle une bûche semble libérer et distribuer un trésor immense, lançant dans l'espace des gerbes de rubis et d'émeraudes : bouquet d'étoiles filantes qui viennent mourir aux pieds d'Alphonsine et de Sylvaine. Elles se chauffent encore un peu avant d'affronter le vent et la froideur du soir, pour aller, à une heure d'ici, assister au Loto dans un petit café, rue Cité Foulc. Les patrons sont des amis de longue date.

Sylvaine a toujours vécu à Nîmes. C'est son univers. Du vivant de son mari, elle habitait place du Marché, à deux pas des arènes. Les jours de « féria » elle entendait les « olé », et la musique des « bandas ». Sa vie allait au rythme de cette ville romaine, belle et prodigieuse, remplie d'enthousiasme. Les Nîmois sont des gens dynamiques, enjôleurs, partagés entre la passion de la bouvine et la discrétion cévenole.

Pour l'heure Sylvaine et Alphonsine se préparent ; elles se dépêchent, car il leur faudra traverser presque tout Nîmes que balaie la bise d'hiver.

La nuit est basse, étroite. Pas une étoile au ciel. L'air est sec et froid, il se respire avec délice.

Sur le sentier, les graviers glacés crissent sous leurs pas légers. Deux ombres se dessinent. Un chant d'enfant – une ronde enfantine – s'envole, poussé par le mistral. La grand-mère se courbe sous les rafales assassines, elle emmitoufle ses rhumatismes dans son éternelle cape qui depuis longtemps aurait dû être au rebut. Alphonsine, quelques mètres devant, saute et trottine. Son jeune sang bouillonne de joie. Elle n'aurait même pas eu besoin de son manteau des dimanches, tellement elle dégage de chaleur, mais elle veut être belle et faire honneur à sa grand-mère.

Les voilà sur l'esplanade De Gaulle. Une brume légère enveloppe les contours des immeubles, la lumière atténuée des réverbères inonde de sa lueur blafarde une partie du terre-plein, jusqu'à la fontaine décorée de stalactites gelées. Depuis le square du 11 Novembre, elles aperçoivent déjà l'enseigne du « Café des amis ».

Leurs cœurs battent à l'unisson. Sur la grande vitrine de la façade du café, les dépouilles pendues des volailles et des gibiers, provoquent le désir. Le givre dessine une mosaïque délicate qui opacifie la vue, rendant invisible l'intérieur de la salle. Alphonsine, fascinée par les quatre dindes, regarde, bouche ouverte, croyant déjà mordre dans la cuisse juteuse !

« Alors Alphonsine, rentre vite, qué ! »

A peine la porte entrouverte, une bouffée de chaleur fait fermer les yeux de l'enfant, à moins que ce ne soit la fumée, car une nappe opaque s'étale dans la salle, un peu comme le brouillard dans la plaine au petit matin.

Un instant interdites, étourdies par le vacarme, suffoquées toutes deux par l'air vicié, Sylvaine a presque un mouvement de recul alors qu'Alphonsine, conquise, regarde la pièce, d'un vaste coup d'œil circulaire, pour s'imprégner à vie de cette image nouvelle.

Au centre, un poêle à sciure distribue autant de chaleur que de fumée. De-ci de-là percent les bouts incandescents des cigarettes des fumeurs. Ces points vifs ressemblent aux yeux d'une nichée de lapins, un soir de pleine lune. Un plafonnier double, aux ampoules obscurcies par les chiures, disperse une faible clarté jaunâtre, suffisante cependant pour apercevoir, suspendu dans le fond, un « vieux » portrait de Jean Jaurès, surmonté par de vindicatives lettres dédorées : « Le cléricalisme, voilà l'ennemi ». Mais, glissé à même sous le cadre, trône fièrement un rameau d'olivier béni aux dernières Pâques.

Carlo le cafetier, un grand gars, sec et jovial, apercevant le couple gêné, leur cherche des yeux une place. Il hoche la tête puis dit avec un fort accent italien mêlé de patois provençal : *« Tou arrivé bén tardivé Sylvaine, où qué tout va té mettré ?*

– Laisse, Carlo ! lui crie Mireille, sa femme. Je la lui trouverai moi, la place. Té, mettez-vous là. » Et d'un geste large d'avocat, elle désigne, tout près d'elle, une petite table ronde en marbre blanc. Tout à côté, Alphonsine, médusée, regarde, sur un vieux comptoir, l'attirail du loto : les cartons, les graines de courges pour « cocher » les cases, le « saquet » dans lequel sont mis les pions, et une grosse boule grillagée, qui ressemble à un panier à salade, et dont elle ignore l'usage à venir.

Nos deux femmes, une fois assises et rassurées se détendent. Sylvaine interpelle une amie :

« Comment qu'y va maintenant, ton Clovis ?

– Hou ! c'est qu'il est beau mon Clovis ! Il a des grosses joues, comme celles de l'ange Boufaréou. On dirait que sa peau va péter... »

Alphonsine, heureuse comme le « ravi » de la crèche,

régale ses yeux émerveillés, et fixe pour la postérité tous les gens ici rassemblés, toutes leurs attitudes, leurs manies. Elle reconnaît le maire, le notaire, le bramaïre (garde champêtre qui crie et claironne dans les rues les « avis » de la mairie… et d'autres annonces payantes) ; elle reconnaît son instituteur. Polie, elle va se lever pour le saluer mais, à cet instant, sa grand-mère achète à Mireille le premier carton.

Le cœur d'Alphonsine bat plus fort. Elle regarde, comme si elle n'avait jamais rien vu, le carton rempli de cases vertes, avec des chiffres dans les cases blanches : 4 - 7 - 13 - 32 - 48…

La fillette tourne et retourne ce carton, le serre comme un trésor, encore plus fort que la fois où Andrée, sa camarade de classe, lui avait prêté sa poupée de chiffon et qu'elle avait pu dormir avec, toute une nuit.

La voix puissante de Mireille, sortant d'un corps immense, résonne toute proche et la fait revenir sur terre : « Attention qué, je tire le premier numéro… vous êtes prêts ? »

Personne ne répond. Déjà tout au jeu, les esprits sont concentrés, le silence se fait, les têtes se penchent sur le carton. Elles se relèveront seulement lorsque quelqu'un aura crié : « Quine, j'ai gagné ! » (suivant le cas, la rangée ou le carton plein).

Dans un silence de cathédrale, Mireille annonce : « 13 ».

Alphonsine pousse un petit cri : « Je l'ai mamé ! je gagne ! » et sa main tremblante pose, avec mille précautions, une graine de courge sur le carton.

Mireille, impassible et majestueuse (elle ressemble à Monsieur le maire lorsque, après les élections, il lit à haute voix les résultats du vote) continue son tirage, tandis que Carlo, à ses côtés, aligne les pions sortis par ordre, pour le contrôle de la « quine ».

« 9 - 8 - 7…

– 7 ? demande Alphonsine incrédule ?

– Oui, répond sèchement une grosse voix à côté, comme pour dire “fais attention, écoute mieux ! tu nous déranges.”

– Mamé, je gagne encore ; à nous la dinde !

– Voyons chérie, gronde doucement sa grand-mère : y faut rien dire, tiens-toi “brave”, tu as encore deux numéros à sortir.

– 15… 30… 69… 1…

– Hé, la Mimi, Aou ! tourne mieux ta boule, secoue-la, s’indigne le facteur, qui n’a le “pôvre” que quatre numéros gagnants…

– C’est vrai ça ! tu ne sors que des “mauvais” numéros, s’indigne en riant le forgeron !

– 3… 37…

– Quine !

– Quel est donc l’heureux et premier vainqueur ? questionne le maître d’école! Mais c’est notre remarquable et amène Bravo ! »

Le Bravo est un jeune garçon qui applaudit à tout instant, pour un rien. Tic nerveux qui le fit baptiser ainsi. Un silence profond répond à sa « quine », chacun maudissant le sort ! Le Bravo s’avance, triomphant, pour faire contrôler son carton…

« Carlo vérifie et annonce : “*La quine y bonno*”. »

Alphonsine baisse la tête. Perdre à un numéro, et deux fois de suite ! Ce n’est vraiment pas de chance ! Elle maudit le sort, mais pense qu’il lui reste encore deux cartons.

« Allez, tonitrue Mireille, au tour de la *lébré* (lièvre). Rendez vos cartons ! »

Suivant les cafés, il est possible parfois de jouer deux fois sans renouveler l'achat d'un carton, surtout lorsque les lots, comme ici, ne sont pas très importants. Le prix du « carton » est alors peu élevé et les parties se jouent souvent par rangées.

« Allez, choisis-le bien, cette fois, Fonsine », lui dit Mireille sur un ton maternel.

La patronne, prenant les cartons d'une main, fait un très large éventail, le présente à la petite fille pour la faire choisir. Alphonsine prend le troisième sur la droite, un tout bleu cette fois.

« Ça fait cinquante francs, mémé Sylvestre. »

La grand-mère paye.

Hélas, pas mieux que le vert, le carton bleu ne gagne chaque quine annoncée d'une voix triomphale. La fille et la grand-mère ont un énorme serrement de cœur. Mireille suit, muette, indignée du mauvais sort que subit la petite. Elle voit même, à l'annonce de la dernière quine, du sang couler des lèvres d'Alphonsine qui, de rage, s'est mordue la lèvre…

Mireille s'approche de Sylvaine et presque à mi-voix, comme si elle était indiscrète, demande en provençal à la mémé : « *N'en prenes un ?* » (Vous en prenez un ?). Sylvaine questionne : *« Aro de que ia à gagna ?* » (Qu'y a-t-il à présent à gagner ?). Les lots sont faits au petit bonheur la chance, par le patron du café. Dans le temps, il y avait souvent des plats préparés, cuits au four du boulanger…

Mireille se concentre quelques secondes et dit de mémoire :

« *Cau e fre de pijoun farci* (chaud et froid de pigeon

farci), *émé un tian de chambre cue dins lou bouion* (avec un gratin d'écrevisses cuit dans son bouillon). *Maï per fini, un baroun d'agnéu à l'aiet roustit dins sa pasta* (Puis, pour finir, un baron d'agneau à l'ail, rôti dans la pâte).

– *La ge de dindo ?* questionne Sylvaine (Il n'y a pas de la dinde ?)

– *Vo, mai à l finido* (Oui, mais à la fin) », répond Mireille.

La grand-mère ne réfléchit même pas et dit en français : « Bon ! eh bien, nous attendrons ! »

Ne jouant pas, Alphonsine est détendue. Elle note comme ça, pour s'amuser, des numéros au hasard, comme ceux des cartons, et elle joue, en riant. Car, lorsqu'elle a le « carton » pour s'occuper, elle est totalement prise et rien ne la trouble. A présent, elle se divertit à regarder les visages torturés des perdants ou sublimés de ceux qui gagnent. A ce tour des « Trois lots », Alphonsine a été encore plus malchanceuse, avec son carton factice ; elle n'a même pas eu la moitié des numéros sortis…

La partie est finie, et l'on distribue les nouveaux cartons, le dernier pour Alphonsine et Sylvaine. La grand-mère n'a pas très envie de dépenser encore 50 francs. Oui, elle les avait prévus… mais si elle perd encore, ce sera 150 francs de gaspillés.

« Cette fois, c'est moi qui te le choisis, tu verras que tu auras de la chance, dit Mireille, très commerçante.

– Tu crois, Mireille ? J'ai guère envie hé ! Si je perds, je pourrais même pas lui acheter une orange… Tiens ça me rappelle le cas de Daniel, mais c'est une autre histoire ! » répond la grand-mère qui perd confiance et veut garder les derniers 50 francs pour faire tout de même un cadeau à sa petite-fille. Alphonsine, faisant celle qui n'entend pas et se désintéressant du carton, a la tête tournée, et son petit cœur bat très vite.

Devant cette détresse, Mireille n'ose pas insister, et dit, au contraire :

« Vous avez peut-être raison.

– Tant pis, va ! se décide la mamé, té donne m'en un, on verra bien…

– Diable, il faut forcer le sort. Hé, té ! Je vous fais la bise à toutes les deux pour vous porter chance. »

Mireille reprend sa place et recommence à égrener les numéros qu'elle sort : 12 - 15 - 31 - 4…

« Quine ! »

C'est le notaire cette fois qui s'approche en vainqueur de la table pour se faire contrôler et chercher son prix

« Bien sûr ! pense Alphonsine, ce gros richard, il mène quatre cartons à la fois. » (Certains « gros » joueurs achètent quatre, cinqs, voire six cartons pour augmenter leur chance). « Il a pas de peine à gagner, lui. C'est toujours les mêmes… Té, et pour mieux me faire du mal, il me met la dinde sous le nez. Hé, fada ! enlève-là, cette bête ! Je le déteste ce Lyonnais ! Y pouvait pas rester avé ses brouillards et son ciel gris, au lieu de venir nous prélever de notre soleil, et surtout de notre dinde… ! »

« Tu as vu Alphonsine, elle est guère grasse la dinde ! », dit la grand-mère pour rompre le silence.

La partie reprend. Mireille, avec une voix qui commence à s'érailler annonce : « 40 - 36. »

Alphonsine est mal, elle n'a même pas un numéro de bon sur cinq tirés.

« Je vais mourir moi ! pense Alphonsine qui est de plus en plus moite, alors que ses mains sont glacées.

– Quine… Quine et re-quine », telles sont les annonces des heureux gagnants…

Alphonsine, blasée, abandonnée de tous, ne dit rien, ne s'occupe de rien, mais deux grosses larmes coulent sur son visage triste. Mireille, tout à côté, a vu toute la scène, elle aussi a les yeux mouillés.

Les cartons sont distribués pour la dernière fois. Mireille passe devant Sylvaine, sans rien dire ni s'arrêter : à quoi bon !… Avant de s'asseoir, Mireille pourtant demande à la ronde : « Qui veut celui-là ? c'est le dernier, c'est le bon ! » Et avant même que quelqu'un se décide, elle donne le carton à Alphonsine, en disant : « Té, puisque personne en veut, je te donne le dernier, et fais "entention" que sûrement tu sautes les numéros.

– Oh merci, Madame ! » dit Phonsine dans une spontanée douceur. Les yeux « écarquillés », la fillette est comme frappée par la foudre. Elle est là, le carton à la main, sans savoir que faire. Sa grand-mère vient à la rescousse et remercie d'un coup d'œil Mireille, qui semble encore plus heureuse qu'Alphonsine.

« Non, dit Mireille, c'est le dernier tour, il est très tard. Té, c'est un cadeau ! le gagnant sera celui qui aura le premier une rangée complète. Il gagnera la dinde et 100 francs. »

Carlo, surpris, regarde Mireille sans rien dire, dubitatif…

La salle silencieuse attend. Mireille se prépare ; avant de tourner la roue, elle se penche sur Alphonsine, regarde attentivement son carton, et lui dit : « Bonne chance, petite ! »

Elle annonce « 29 - 5 - 4… »

Alphonsine manque s'étouffer… « Pas possible, pense-t-elle, j'ai déjà les trois numéros. » Sans dire un mot, comme tétanisée, elle regarde mamé qui sourit… « 23… il est encore bon ». Le cœur de la « petite » ne bat plus, il reste en suspens…

Carlo, qui classe les numéros, ne comprend pas : Mireille, annonce un chiffre, et elle donne à contrôler un pion d'un autre numéro !

« Elle est folle, dit-il presque tout haut ! » Car il ne comprend pas pourquoi Mireille triche. Il veut parler, mais Mireille d'un geste impératif lui intime avec la main, l'ordre de se taire… Carlo obéit, il ne fait pas bon contrarier la Mireille… !

Il reste à Alphonsine un dernier numéro, le 3, mais pense-t-elle, ça va être comme tout à l'heure, pendant cinq minutes, je n'ai pas pu obtenir le bon !

« Le 8 », annonce Mireille (elle avait tiré le 48 qu'elle donne à Carlo, toujours déconcerté). Alphonsine, atterrée, pense : « Ça recommence ! »

« Quine !

– Déjà ! s'exclame le boucher, tu vas vite Amédée ! et le Bravo applaudit. »

Mireille est surprise, elle ne comprend pas, elle regarde le carton d'Alphonsine, et constate qu'elle a confondu le 3 avec le 8. Catastrophe de catastrophe ! Alphonsine et Sylvaine sont silencieuses ; un seau d'eau glacé leur tombant sur les épaules aurait le même effet. Cette quine, c'est le couperet de la guillotine, le KO debout.

Monsieur Léon de la Foncière s'avance vêtu du complet noir qu'il ne quitte jamais. (Même pour son *pénéqué* (sieste) quotidien, on le voit toujours ainsi, dans son hamac, sous le figuier.)

Sylvaine n'entend plus, ne regarde plus.

Carlo, très ennuyé, ne sait comment faire, il veut contrôler le carton de M. de la Foncière mais Mireille le lui arrache de mains. De mémoire elle annonce : « 29 - 4 - 7 » et dans un cri de joie elle déclare : « La quine n'est pas bonne. Té, grand fadoli ! dit-elle heureuse. J'ai dit 5, tu as marqué 7… qué toupet ! »

« A refaire ! » dit le Bravo en applaudissant. Mireille, se racle la gorge… Doucement, elle fait tourner la roue, elle prend avec délicatesse le pion, le regarde, le soupèse, l'admire et dit : « C'est le 3… » Silence, personne ne crie quine… Mireille annonce bien plus fort :

« Le 3 !

– Ho, tu l'as déjà dit ! clame Sifrein, ordonné comme un maître d'école.

– Et alors, je suis libre de répéter, hurle Mireille, je redis 3 : trois ! »

La grand-mère à compris ; elle est heureuse comme au jour de son mariage ! Pour avertir sa petite-fille, elle la bouscule légèrement du coude. Alphonsine est là, le doigt arrêté, en équilibre sur le n° 3, la graine de courge toujours entre ses petits doigts. « Le trois ! » dit la grand-mère… Alphonsine lance enfin un cri de victoire : « Quine !

– Qui a dit quine demande, ingénue, Mireille ?

– Mais moi ! », dit Alphonsine qui tend le carton pour le contrôle.

Mireille le prend, sans même regarder les numéros sortis… et heureusement ! elle annonce que la quine est bonne. Elle mélange les pions… et dit : « Merci, c'est fini. *A déman !* (A demain !) »

Mireille tend à Sylvaine une dinde, bien grasse celle-là. Elle tend à la grand-mère un billet de 100 F. Sylvaine prend le tout, sans réagir, sans comprendre.

Si, elle a compris ! Que parfois le miracle de Noël s'accomplit, grâce à l'amour de certaines gens, prêts à donner. Que Dieu bénisse Mireille… la brave femme !

Demain soir là-bas, au pied d'un cyprès, dans un cabanon aux tuiles rouges disjointes, une grand-mère et sa petite-fille fêteront dignement la plus douce et la plus belle des fêtes : celle de Noël.

Moussu lou Conse

L'homme marche péniblement : la route monte fort et le soleil du soir est encore chaud.

De temps en temps, l'inconnu s'arrête pour s'éponger le front avec un large mouchoir à carreaux. Chaque fois il marmonne :

« Mille crénom, quel foutu bled ! Ils auraient pu le construire dans la plaine ! »

Assurément, notre voyageur va à Crillon-le-brave. La route d'ailleurs ne mène qu'à ce petit village de cinq cents âmes, adossé aux premiers contreforts du Ventoux, entre Caromb et Bédoin et qui domine plein sud la vallée carpentrassienne.

L'histoire se situe il y a presque cent ans : entre cinq et dix maires avant l'actuel. Tiens parlons-en de l'actuel, Yves Masclaux. Il faut le dire, puisque c'est de notoriété publique : depuis son avènement, Crillon le Brave s'est transformé. Crillon ville en ruines, ville blessée par les morsures du temps, par les rafales assassines du vent et de la pluie qui dégradaient les pierres des maisons et le mortier les liant, laissant les rues et les ruelles envahies d'herbes folles, s'est embelli. Crillon était jusque-là le type même du village abandonné. Personne n'aurait pensé donner quatre sous pour une maison là-bas… Yves (appelons-le Yves, c'est plus sympathique) depuis son accession à la tête de la « petite » municipalité, a redoré le blason de ce « Brave Crillon » (ami et compagnon d'armes d'Henri IV). Combattant véloce, héros des luttes guerrières royales, sa statue altière orne avec honneur la place de la mairie. Il semble sourire, fier de voir la belle évolution de son village d'adoption.

Le maire a donc redoré le blason du guerrier en faisant restaurer le village, en lui redonnant vie. Beaucoup d'autres petites cités comtadines devraient faire de même…

Malgré la pente, la chaleur et sa colère, le voyageur ne peut se retenir d'admirer la grandeur du paysage, de cette route non goudronnée qui serpente, qui monte et domine la plaine vauclusienne, vaste tapis luxuriant brodé de vignes et d'arbres fruitiers. Il étale sa majesté pastorale, lénifiante, avec pour toile de fond le Ventoux, au milieu des effluves chaleureux de la lavande, des genêts et des pins.

L'homme s'approche lentement, accablé de chaleur. Le cantonnier, qui le regarde venir, s'interroge :

« Il a un uniforme ! diable, serait-ce un gendarme ?

Bonne Mère des Cieux ! Un képi ! Eh bé ! pas possible un "cogne" ! Qu'est-ce qu'y nous veut ? Oh là ! je m'en vais vite avertir là-haut… ben alors ! »

Jetant sa pelle encore chaude de travail (admettons que j'exagère, un cantonnier municipal n'a jamais fait « rougir » son outil !) il s'apprête à partir. Toutefois, il donne un dernier coup d'œil et pense, faisant la moue : « Mais pourquoi qu'y viendrait seul ? ça se fait pas ! d'ailleurs il n'en est plus monté ici depuis dix ans… Que non ! c'est un militaire ! ». Du coup, rassuré, notre actif cantonnier s'assoit sur le talus et attend le visiteur. (Croyez-moi un cantonnier ne peut pas attendre et travailler, c'est rédhibitoire).

Effectivement, c'est un soldat : un sous-officier, pas très grand, le visage brûlé par le soleil. Epais sans être gros, il est alerte, vif, jovial et sourit en disant au cantonnier arrivé devant lui :

« Alors, Félicien ça va ?
– Qué, vous me connaissez ?
– Diable, je suis Antoine Ellette.
– L'Antoine d'Afrique ? Mon copain ? Le capitaine… ?
Le cantonnier debout, cramoisi, stupéfait, les yeux exorbités, demande :
– Tu es notre Tonin ?
– Lui-même, mais avec quatre dents en moins, dit-il rieur : blessures de guerre. » Et, négligemment, Tonin, touche ses médailles qui tintent sur sa large poitrine, un peu comme les casseroles de toutes les couleurs, accrochées au mur du « restaurant du Pont ».

Le Félicien, un instant médusé, se reprend et s'inquiète :

« Pourquoi que tu… que "vous" avez pas averti de votre arrivée ? C'est que beaucoup de monde vous attend. »

Impressionné, intimidé, il poursuit : « C'est que, mon capitaine, votre mère nous les racontait, tous vos exploits…
– Eh oui ! je lui disais tout. Mais toi, raconte-moi ce qui se passe au village ? Pour moi, c'est déjà si vieux tout ça ! »

Antoine (Tonin) s'assied et écoute.

« C'est que je parle pas bien moi, tu le sais… (Moins intimidé, il a repris le tutoiement). Je suis pas un instruit comme toi. Maintenant tu es un gaillard, car avant, dit-il rieur, tu te rappelles, Tonin, tu étais pas courageux à la tâche, qué ? On te traitait de bon à rien (comme dirait Panisse : "Pas bon à rien, mais mauvais en tout…") Eh bé, ceux-là vont se trouver bien bêtes, aujourd'hui. Mais dis-moi, Tonin, pourquoi tu t'es engagé dans l'armée des légionnaires ? » Et sans attendre la réponse, il enchaîne : « Alors comme ça, tu reviens du Sahara ? Et, de nouveau, il demande : comment qu'il est grand ce Sahara ?

– Des millions de kilomètres, répond enfin Tonin, en riant.

– Des millions ! Bou Diou ! et c'est là que t'as fait ta guerre ? Tu t'es jamais perdu ?

– Non, tu vois, je suis là. La guerre ? je l'ai faite ici et là, trop long à t'expliquer (puis ! il faut laisser planer du mystère...) Mais c'est au Maroc que, seul contre dix, j'ai gagné ma Légion d'honneur et...

– M... ! Tu as la Légion d'honneur ! et ta mère qui avait rien dit ! »

Faussement modeste, Tonin réplique : « Je ne lui avais pas annoncé... et c'est là aussi, conclut-il, que j'ai gagné mes galons de sergent, ainsi que...

– Galons de sergent s'inquiète Félicien ? mais ta mère avait dit capitaine ! »

Tonin, interloqué, répond très vite, avec à-propos, tout en cachant de la main ses galons de sergent : « Au début oui sergent, mais après capitaine... » Voulant vite changer de discussion, il demande : « Nous ne parlons que de moi, Félicien parle-moi du village !

– Ah ! Bonne Mère ! Ça a pas changé depuis que tu es parti. Ça fait combien ? douze ans ? Y a toujours ce tyran d'Alexandre (nous tairons son nom, pour ne pas vexer ses descendants peut-être toujours dans le Vaucluse !) Qué bêtise le jour où on l'a élu maire. Tu te rappelles, hé bé ! depuis rien à faire pour le déboulonner. Y joue au seigneur, seigneur qu'il est. Presque toutes les terres sont à lui, il est propriétaire des trois quarts des maisons de Crillon le brave. Si quéqu'un veut lui dire ses quatre vérités... y le fiche dehors de sa maison, de son travail. C'est une brute qui nous fait trimer pour dix sous, et nous taxe d'impôts : pour Crillon qu'y dit, mais c'est pour lui, va ! »

Félicien tape du pied, de dépit. Tonin écoute en silence. Brusquement il questionne :

« Et Juliette ?

– Juliette, tu y penses toujours ? Eh bé, elle est pas mariée. Qui tu veux qu'y prenne la fille pour avoir en plus cette brute d'Alexandre ? Puis y veut pas la donner à n'importe qui. Y te l'a refusée à toi, il a fait le même coup à Clovis, qui a pourtant la carrière de pierres la plus belle de Crillon. Paraît qu'elle est fiancée, depuis deux ans, à un futur député. »

Félicien regarde Tonin et poursuit, en bombant le torse : « Ah, mais maintenant peut-être un capitaine avé la Légion d'honneur !

– Oui, mais peut-être maintenant, c'est moi qui ne veux plus ! »

Sur ces mots, Tonin se lève et reprend la route en pensant : « Il faut que je fasse voir à ce maire, que je suis un homme... » (Tonin garde une dent contre Alexandre qui jadis l'a chassé du pays, après lui avoir refusé la main de Juliette.)

Déjà les couleurs du couchant teintent de pourpre la cime rocailleuse du Ventoux. On croirait que la forêt tout entière s'embrase et qu'une fumée rose s'élève à l'horizon, en nuages moutonneux. La clarté rougissante du ciel baisse un peu, comme une lampe qui s'éteint.

« *Deman la biso boufara* (Demain la bise soufflera), dit Félicien en emboîtant le pas au Tonin ; c'est bientôt l'heure, je t'accompagne... »

Depuis quatre jours, depuis son arrivée à Crillon, Antoine ne quitte pas sa chambre. Il se repose, récupère, réfléchit, il dort, mange, prend des forces... mais surtout, il se fait attendre ! Acteur consciencieux, il prépare sa rentrée.

« Dis maman, je crois que je vais sortir ce matin… »

La mère de Tonin est contente, pas complètement toutefois et, hochant la tête, elle lui dit :

« O Tonin ! quand c'est que tu te le reprends l'assent ? Tu parles comme un monsieur de la ville maintenant ; ça me fait tout drôle et ça m'intimide… tu aurais bien pu te le garder ! »

« Ainsi donc, pense Tonin, j'intimide ma mère ! Pourquoi pas les autres alors ? » Confiant, il sort.

Dans la rue, il ne croise pas grand monde. Les trois personnes rencontrées le regardent, émerveillées, le Capitaine ! Il a fait enlever les galons de sergent, il reste avec seulement les « marques » sur la vareuse décolorée, ces trois marques qui peuvent laisser planer un doute… Mais il exhibe ses décorations largement étalées sur la poitrine, il fait « impression ». Il ressemble à un coq le matin, dans la basse-cour, après qu'il eut chanté son cocorico, et honoré deux ou trois poules sur son chemin.

D'un pas alerte et sûr, il se dirige vers la statue du colonel Crillon, sous l'ombre des platanes. A l'époque, il y en avait deux énormes et, à la fraîche, il y avait toujours un groupe de Crillonnais qui devisaient joyeusement. Justement aujourd'hui, ils sont quatre, assis là tranquilles, reposant leurs muscles « avant l'effort ». Se trouve là en particulier, Alexandre, le maire.

Tonin passe sans s'arrêter, boitillant légèrement, comme pour leur faire souvenir de « sa » blessure… au bras ! Clopinant, bombant le torse pour faire ressortir ses médailles, il se dirige vers la statue. En cours de route, il a cueilli des fleurs, dans le parterre des sœurs Thérèse M…

(C'est vrai, coquin de sort ! les « Thérèse » ont un jardinet délicieusement planté de fleurs multicolores, comme seules peuvent les faire pousser les vieilles filles...) Il va déposer son bouquet au pied du socle de la statue de « Crillon le brave ». Puis, après un moment de réflexion, le Tonin dit assez fort pour être entendu :

« C'est une honte, mon brave Crillon, de te laisser dans un état pareil ! La municipalité n'a même pas la reconnaissance des héros... » Sur ces mots, il s'en retourne, sans même jeter un coup d'œil aux badauds.

Tonin a raison : le monument n'est pas entretenu, il est recouvert, tout en bas autour du socle, d'une mousse bleutée.

Il rentre chez lui, et volontairement ne ressort que deux jours plus tard, toujours pour la même promenade, la seule du village, d'ailleurs... Arrivé devant la statue, il a le plaisir de constater que celle-ci est nettoyée, blanche, pimpante et ornée d'une petite couronne en perles mauves, blanches et noires, posée au pied du socle, avec inscrit très lisiblement en lettres dorées : « A notre héros, la municipalité reconnaissante ». La couronne est petite, mesquine, elle ressemble à une broche de poupée déposée devant le sabot d'un cheval géant.

Les habitants sont venus plus nombreux, le verbe haut. Les commentaires vont bon train ; des clans se forment. Le Félicien annonce tout fort : « Té, notre pingre de maire, pour ne pas vexer Tonin, a fait mettre une couronne de deux sous au "Brave Crillon". » D'autres s'inquiètent : « Le vieux renard aurait-il peur du capitaine ? »

Ainsi, la popularité du Tonin grandissait alors qu'il n'avait pas encore dit une seule parole aux habitants.

Antoine décida donc de passer à l'offensive. Depuis

deux jours matin et soir, il payait, chevaleresque, de copieuses tournées de pastis.

Il retrouvait un à un ses amis au « Café de l'Univers », dans ce vieil et solennel établissement aux banquettes de moleskine lustrées et usées par les mêmes fesses depuis plus de cinquante ans ; aux mêmes bouteilles, dont seul le contenu était renouvelé ; au même comptoir débordant de pastis miséricordieux et dont seul le bois pourri avait été depuis peu recouvert de zinc.

Généreux, bon vivant, loquace, Tonin redevint vite populaire, surtout que « l'assent » recommençait à caracoler fièrement sur chacune de ses syllabes, donnant à ses mots une pointe d'ail illuminant d'or chaque phrase, faisant chanter et virevolter avec allégresse sa volubile conversation.

Tout Crillon, à présent, était fier de son fils... Car l'Antoine contait et racontait en détail, enjolivait à souhait les péripéties de sa carrière militaire, n'oubliant jamais d'ajouter à son actif de fictives mais glorieuses histoires de guerre.

Levant son verre à la santé d'un imaginaire compagnon, Batistin, le carrier, proclama : « A ta santé mon brave... tu remets ça ?... pourquoi pas ! Alors encore deux pastis, Cyprien ? » Voilà comment l'on buvait deux tournées, dans la plus grande des convivialités, à Crillon.

Batistin parlant tout seul dans son euphorie anisée demande à son chimérique copain de toujours :

« Qu'est-ce que t'en penses, toi ? *Lou vaqui nostre homé.*

– De quel homme tu parles Batistin ? demande Félicien.

– Du Tonin.

– Du Tonin ! s'étonne Félicien, *perqué* ?

– *Per nostre Conse* !

– Oh, Oh ! redit Félicien, mais c'est vrai. Oh, mais oui ! dit-il, de plus en plus exalté. Oh ! j'y pensais pas, mais il y a que Tonin pour battre Alexandre ; surtout que les élections sont dans huit jours… »

Toute la salle était silencieuse. Les verres restaient suspendus… (rare pour des Vauclusiens), les clients, figés comme des figurines de cire. Le magicien du dernier cirque venu au village n'aurait pas mieux fait pour les transformer en statues, et stopper toute vie active. Une affiche ! La salle était une affiche ; les consommateurs, des images.

Antoine, dans la salle, est le plus étonné de tous, c'est le premier à reprendre vie et à dire : « Oh ! ventresque, ça va pas, non ? ».

« Le taquiner d'accord, précise Alexandre, mais l'affronter c'est trop ! »

Tous les visages présents le mettent au défi. Tonin est mal à l'aise. Tous attendent sa réponse. Que faire ? Il ne veut pas et ne peut pas perdre la face, pas plus qu'il ne se sent le courage d'affronter le vieux maire.

Sans un mot, son ami Félicien lui tape sur l'épaule et, doucement, comme pour ne pas l'effrayer, lui demande :

« Tonin qué ! fais-nous plaisir…

– C'est que je suis un militaire.

– Justement ! lance Batistin, un militaire, ça attaque ! Les rires alors fusent de toute part.

– C'est à voir, finit-il par décider. »

On se quitte alors sur ces bonnes paroles d'espoir.

Les conseillers municipaux connaissent déjà l'effroyable nouvelle. Mandés par le maire, ils se rassemblent dans la vaste salle à manger de son domicile, froide et austère, triste comme un jour sans pastis.

Le maire, droit et robuste tel un monument mégalithique, préside la séance. Pas un bruit, tous les regards convergent vers Alexandre. Le silence est inquiétant. Il fait penser à la campagne avant l'orage ; l'air est lourd, chargé d'électricité. Dehors, les oiseaux se sont tus, cherchant un abri. Le vent lui-même stoppe sa course. Chacun scrute son voisin pour chercher, angoissé, d'où partira le premier éclair.

Alexandre posément, frise ses moustaches guerrières. Ses yeux ronds comme deux bouches de canon, mitraillent un à un les « trois » conseillers.

« Ah ! voui va ! lance-t-il en colère, je suis bien secondé. Regardez-moi ça té ! deux, vous êtes deux conseillers ! Où sont les autres ? C'est pas de l'ingratitude ? Moi qui vous ai tout donné, tout apporté. Des "lavasses" ! Vous êtes des lavasses. Fan de chichourle ! crie-t-il, vous voulez vous faire démolir par ce grand fainéant de Tonin ? Du nerf quoi !

– Hé ! Je le sais va ! dit Dominique le boucher, dont la figure rouge et luisante fait une tache vive sur sa veste blanche. C'est que le Tonin pète d'orgueil, depuis qu'il est revenu au village.

– C'est ma faute dit le maire, j'aurais pas dû y mettre la couronne. Fan de chichourle, il a cru que c'était arrivé. Je suis trop bon ! » Et son large poing s'abat sur la table, dans un bruit sec de branche qui se casse. Clovis, un instant interloqué, lui demande :

« Que veux-tu Alexandre, je… »

Le maire, d'un signe, impose le silence à Clovis et, durement, réplique :

« Je veux pas qu'on me dise “tu” dans le travail, je veux que du : “Monsieur le Maire”. Fan de chichourle ! (lorsqu'il dit ce juron, vous vous en êtes rendu compte, Alexandre est très contrarié !) C'est Moi, le patron. Je veux le rester !

– Bien ! mais c'est que, maintenant, le Tonin a les dents longues et la fringale, réplique, un peu vexé, Clovis le caviste, qui est de nature pâle, maigre, râleur et de mauvais poil, comme un buveur d'eau.

– Eh alors, dit Alexandre c'est pas le premier à qui je péterais les dents !

– C'est que, risque Dominique, il a beaucoup d'amis, et c'est pas demain qu'on lui fera peur. On nous l'a changé le Tonin, c'est quéqu'un à présent. »

Clovis, s'adressant à Dominique, annonce de sa voix aigre : « Il a beau avoir les dents longues “ton” Tonin, il ne fera pas peur à “notre” maire ! » Alexandre, content d'avoir au moins un supporter, lui sourit dans un rictus et rétablit l'ordre en lançant furieux :

« Pôvres fillettes, va, té, je vais vous envoyer ma vieille mère pour vous border ! Il poursuit acide et excité : merde, fan de chichourle, “puting” de vous, quoi ! Il faut réagir et pas galéger, y faut trouver un truc, un machin, n'importe quoi, mais escagasser Tonin ! »

Après quelques secondes d'un silence glacial… – qui dure cinq bonnes minutes –, le maire poursuit :

« Dis-moi, Dominique, toi qui étais “un peu” mon ami… dis-moi, y tournait pas autour de ma Juliette avant, qué ?

– Bien sûr que si et tu, “vous”, le savez bien, même que

“vous” lui avez botté les fesses et l’avez foutu dehors de chez “vous” en le traitant de bon à rien.

– C’est vrai ça ? réplique Alexandre de mauvaise foi. Je m’en rappelle plus… ou alors, c’était pour rire. Tiens, tu peux me tutoyer de nouveau ; tout à l’heure c’était une plaisenterie.

– Oh ! Alexandre, où tu veux en venir ? demande le caviste, buveur d’eau. N’oublie pas que ta Juliette est promise à mon Maurice, qui apprend à devenir député chez Monsieur notre conseiller général.

– Peut-être ! mais ça vient pas vite ! J’ai attendu, mais c’est un peu long. Voilà cinq ans que ton fils est parti, et il est “toujours rien” et ma Juliette se morfond et, si tu veux la garder “ta” place ici, y faut que je donne Tonin à Juliette. Ça fera un beau couple, et Tonin est un homme droit et valeureux. Allez va, c’est dit ! Je m’occupe de tout comme d’habitude. Zou, décampez ! et motus, qué ! »

Une fois seul, le père appelle sa fille et lui explique la situation. Juliette, bonne pâte, ne fait pas de difficulté, au contraire… Depuis que Tonin est revenu, toutes les femmes sont folles de lui et les vieilles filles en rêvent.

« Qué manège tu fais pas ? J’ai beau avoir l’air brave, tu crois qu’y me croira si je lui dis que je l’aime ?

– Oh ! mais, t’es bête ou quoi, fan de chichourle ! Tu me l’attaques pas comme ça ! Demain, en te retournant du verger, tu t’arrêtes chez lui pour… pour lui dire que tu as trop d’abricots, tu lui en laisses et, tout en parlant, tu te places.

– Oui, va ! J’ai guère compris, mais je me débrouillerai. »

Le soleil matinal vient tout juste de pailleter d’or et d’argent les gouttes de rosée encore frémissantes de la fraîcheur de la nuit, que déjà Juliette cogne trois petits coups discrets à la porte d'Antoine.

« C'est ouvert, entrez voyons ! »

Juliette entre, un rayon de soleil inonde ses épaules, et sa silhouette se découpe dans l'embrasure de la porte qui lui fait un cadre grandiose... Antoine est tout étourdi de la vision.

« Vé ! c'est toi Juliette ? Quel bon vent ? demande Antoine surpris et intimidé.

– Bé, comme on s'est pas encore parlé depuis ton retour et que ce matin je reviens du verger, passant devant chez toi, je m'arrête, sans que mon père le sache, te dire un petit bonjour. »

Juliette est pimpante. Sa petite voix claire s'harmonise bien avec le calme de ce petit matin. D'un geste méticuleux et coquet, elle lisse les plis de sa belle jupe rose et met en ordre ses cheveux, même pas ébouriffés. Elle est si fraîche, si belle – d'une beauté naturelle –, que Tonin est subjugué. Pourtant il dit goguenard et pas dupe :

« Tu mets de bien belles jupes pour aller au verger, tu es comme neuve et bien astiquée.

– C'est comme ça tous les jours, ment Juliette. Puis, très vite, elle enchaîne : Oh ! mais je m'arrête pas, que je suis pressée ! »

Et tout en disant cela, Juliette pose son panier dans lequel le jaune orangé des abricots bien mûrs exhale un parfum subtil ! Juliette s'avance, et s'assied sur le tabouret vétuste qui chancelle et grince. Elle prend plaisir à sentir la bonne odeur de café. Elle le dit, Antoine lui en sert une tasse. Tout en buvant du bout des lèvres, elle jette un coup d'œil dans cette cuisine, qu'elle n'avait plus revue depuis douze ans. Rien n'a bougé, rien n'a changé, même pas l'antique fusil de chasse accroché au mur pour toujours. Trois chaises, les mêmes, sont retournées sur la table, attendant l'heure du ménage. Pourtant tout est propre, net, sans poussière.

« Ça va mieux ? demande Antoine, comme ça, pour parler.

– Bien sûr… Au fait, Tonin, dimanche, tu m'emmènes au bal ?

– Oh fan ! dit Antoine, se souvenant de l'ancienne réaction coléreuse du maire. Que dira ton père ?

– Lui, rien, si tu lui demandes.

– Tu n'es pas un peu folle, il va prendre un coup de sang ! répond Antoine, le plus sérieusement du monde.

– Que non ! Tu y dis : “Père Alexandre, marché conclu, si vous êtes gentil avec moi, je le serai aussi avec vous !”

– Mais moi, je suis gentil avec lui, répond, candide, Antoine.

– Eh non ! puisque tu veux y prendre sa place à la mairie.

– Oh là ! j'ai compris, lance Tonin furieux, en se levant et allant droit vers la porte afin de l'ouvrir toute grande, invitant ainsi Juliette à partir.

– Tu me mets dehors ? demande, outrée, Juliette.

– Allez file “Hameçon”, dit-il rageur.

– Hameçon ?

– Oui, ton père voulait que je te fasse confiance, et que je morde à l'hameçon.

– Hameçon ! Hameçon ? dit-elle en partant, vexée. »

Antoine, mélancolique, regarde s'éloigner dans le soleil « sa » Juliette et pense : « C'est pas de sa faute ! » et il murmure : « La belle aubépine… sa corolle blanche, ne cache pas ses épines… c'est vrai qu'une fleur n'est pas une femme. Puis, philosophe et lyrique : pour aimer les roses, il faut d'abord aimer leurs peines. »

Bien avant que ne sonne midi, Tonin a rejoint Félicien au café ; lui, en bon cantonnier, n'est jamais en retard. Devant un pastis, le cantonnier essaye de convaincre le Capitaine.

« Alors qué, Tonin, tu te décides ?

– Bé… bé !

– Allez vite, que tu me fais là une réponse de mouton ! Vas-y ! Crillon a les yeux fixés sur toi. Tu peux en être le héros, mieux que le brave Crillon… y te feront pas une statue, mais y te mettront ton nom à une rue, ou à une place. » (Silence complice) puis Félicien ajoute : « Té, le Ventre, apporte-nous deux "petits laits". » Pendant que le cafetier, familièrement dénommé en gloire à sa volumineuse panse, apporte deux pastis généreux, nos amis récapitulent la situation. Tonin, semble ne pas fléchir, pourtant là aujourd'hui, face aux pastis que commande Félicien mais que paye Antoine… face aux arguments, face aux avantages, il est disposé à accepter.

– Tu es certain Félicien que j'aurai mon nom inscrit sur une rue ?

– Bien sûr, si tu deviens maire et moi adjoint, tu feras ce que tu veux…

– Ecrit sur de la céramique ? demande, gourmand, Tonin.

– Vouai ! comme les bornes Michelin, précise sournoisement Félicien, avec des lettres noires, grosses comme des sarments de vigne…

– Allez va, c'est dit, j'accepte !

– Bravo, formidable, crient en cœur tous les clients et

Ventre en premier. » La petite troupe se prépare à partir manger, lorsqu'Antoine demande : « Mais pour quel parti je me présente ? »

Consternation dans l'auditoire… Antoine questionne de nouveau :

« Alexandre, il se présente sous quel parti ?

– Il est démocrate-républicain !

– Bon moi, je serai républicain-démocrate.

– *D'aco es béu*, lance Ventre, admiratif… et, il paye une autre tournée. »

La grande nouvelle était déjà connue dans tout Crillon.

Alexandre, effondré sur sa chaise, tenait de ses larges mains sa tête devenue trop lourde.

« Qué bestiasse, cette fille ! dit-il enfin, elle m'a fait un pastis terrible. Fan de chichourle ! maintenant le Tonin a le beau rôle. Y me voit venir… *Qué faïre deman ?* (Que faire demain ?). »

Immobiles et silencieux, les deux fidèles conseillers n'en mènent pas large.

« Alors qué, demande Alexandre, y faudrait peut-être m'aider. Trouvez quelque chose !

– Le mieux, dit Clovis, c'est d'aller voir Tonin.

– Pour lui dire quoi ? demande le "rouge" Dominique. T'as vu ce qu'a fait Juliette ?

– Ah ! mais c'est peut-être pas bête, renchérit le caviste, (toujours tellement buveur d'eau que son vin tourne au vinaigre…) pour lui faire une proposition amicale, pour raccommoder Tonin et Juliette !

– Ah non ! J'ai ma fierté, clame Alexandre. Maintenant que Tonin a refusé ma belle petite, je veux plus de lui.

– Convoque-le à la mairie.

– Non, dit Clovis, ça fait trop sérieux, trop officiel, on passera pour des trouillards. »

Le caviste, pâle et chétif, n'est pas bête, et il argumente avec conviction. Le voilà exposant ses idées, sur des propos matrimoniaux, sur des concessions à offrir... sur des promesses à faire !

« Ça peut aller ! dit le maire, au bout d'une longue et âpre discussion ; je suis fort pour arranger ces choses-là : "chaque toupin trouve sa cabucelle".

– C'est notre dernière chance, dit Dominique en se levant, y faut pas la louper. »

Depuis trois jours, Antoine ne vit plus... Depuis trois jours, il attend en vain la venue du maire et de Juliette. Car toute secrète qu'était l'entrevue, elle était connue de tout Crillon. Tonin, sur ses gardes, attend de pied ferme ce vieux renard de maire. Il prépare son entrevue, il pointe son index méchant sur une chaise vide et claironne :

« Non et non ! Monsieur le maire, je ne veux rien entendre de vous. Les élections seront seules juges, et grâce à moi Crillon va revivre, respirer de nouveau. Non, ne cherchez pas à m'intimider, rugit-il, que vous vouliez ou non me donner Juliette, je la prends quand même, car je la veux. Compris ? Je tiens à elle et à la place de maire. » Tonin, satisfait, arrête là son soliloque, et se rassied, pensif.

Au quatrième soir, après avoir fait « mijoter » Antoine, le fourbe Alexandre, revêtu de son bel habit de cérémonie, la taille ceinte de tricolore et, accompagné de sa fille, longe les maisons en silence. Se dissimulant comme un voleur, il va trouver Tonin.

Alexandre frappe trois petits coups discrets à la porte d'Antoine, qui désespérait de voir arriver le patriarcal adversaire.

Depuis quatre jours et quatre nuits, le Tonin ne quittait plus son habit militaire. Il voulait impressionner le maire.

A la vue du vaillant soldat, les yeux de Juliette s'élargissent comme pour sourire... Son père machinalement fait un vigoureux salut militaire... (et pense tout de suite : « Là, j'ai fait une bêtise... j'aurais pas dû saluer ! »)

Sans rien dire, Antoine, un peu gauche, conduit ses visiteurs au centre de la cuisine ; la lumière de la lampe à pétrole brasille, animant les objets qui décorent la pièce. Des ombres gigantesques dansent sur les murs. D'une voix mal assurée, le Capitaine désigne deux chaises et dit : « Remettez-vous ! »

Un silence pesant s'installe. Les deux hommes sont gênés, aucun des deux n'osant prendre l'initiative de la conversation.

Antoine toutefois propose banalement :

« Il fait pas beau qué ? Des fois pour vous réchauffer, voulez-vous une goutte de "blanche".

– Pas de refus, mon brave Capitaine... alors, comme ça te voilà... oh pardon, "vous" voilà de retour au village ?

– Vous pouvez me dire "tu" réplique Tonin (Immédiatement lui aussi, regrette cette concession.)

– C'est bien brave, ça ! » réplique le maire satisfait.

Voulant reprendre l'avantage, Antoine répond : « Eh oui, me revoilà de retour pour quelque temps !

– Ah bon ! Tu comptes repartir ? réplique joyeux Alexandre.

– Non, c'est pas ce que je voulais dire, au contraire ! se reprend le Capitaine.

– Tu sais ce qui m'amène ? demande le maire qui passe à l'offensive. »

Avant de répondre, le Capitaine touche négligemment sa décoration. Le ruban rouge, telle une flaque de sang jaillissant du cœur, obnubile un instant le rude paysan. Il se reprend très vite et lance d'une voix qui fait trembler les vitres :

« Alors, tu sais ? oui ou non ? »

Tonin se lève, sans répondre ; il fait le tour de la table, crispe les poings, se retourne d'un bond et, se plaçant face au maire, lui crie dans un souffle :

« Oui, mais je ne marche pas !

– Comment, crapule ! tu refuses ma fille ? Toi qui as failli la déshonorer il y a plus de dix ans.

– Oh ! Pa... bégaie Juliette.

– Tais-toi ! hurle le père.

Antoine est surpris, désorienté, il ne comprend plus. Il ne s'attendait pas à cette demande.

– Comment ça, vous voulez me donner Juliette ? Hier encore, vous refusiez !

– Hier, c'était hier ! réplique le maire. Ce soir, je suis là pour ça... Tu la veux oui ou non ? Je te le demanderai plus.

– Bé... je prends, dit Antoine en allant vers la jeune fille.

Alexandre rayonne.

– Bon alors tu la prends, mais tu me laisses la place de maire. C'est d'accord comme ça ? insiste le vieux roublard.

– Quel farceur ! dit Tonin furieux, oh mais je comprends maintenant, vieux renard, va !

– Eh, donnant donnant ! c'est juste et correct.

– Je ne marche pas, lance brutalement le Capitaine. C'est à moi d'imposer, de commander ; tout Crillon est avec moi. J'ai montré ma bravoure, mon savoir-faire. Crillon compte sur un homme, un vrai, qui mènera le village sur le chemin de l'honneur.

– Arrête tes conneries, que tu n'y entends rien. Les Crillonnais se foutent pas mal de toi… La trique, oui, ils comprennent que ça. Toi aussi d'ailleurs, je te briserai les os, comme je casse, vite fait, une branche de chêne en deux. » Et, d'un seul trait rageur, il avale le troisième verre de « blanche ».

Redoutant le pire, Juliette dans son coin, regarde tout à tour les deux hommes avec terreur.

Dehors, l'orage gronde, dans un bruit de bûche que l'on fend, de tôle que l'on froisse, de glace que l'on brise… A l'intérieur aussi, la tempête est à son paroxysme, et les éclats de voix vont se fracasser dans un bruit de tonnerre contre les murs. C'est l'apocalypse !

Dans la rue, dans le froid, sous un ciel qui rase le sol, qui crève ses nuages sous des éclairs aveuglants, tout le village est réuni, affrontant la colère céleste, afin d'écouter celles du Tonin et d'Alexandre. Les jurons, les invectives, les menaces sont hurlées plus que criées, couvrant même les fracas de l'orage.

La cime majestueuse du Ventoux s'embrase, les fleurs encore mouillées par la pluie s'éveillent, parées de diamants. Le jour pointe sa manne incandescente, les rayons du soleil dispersent déjà leur généreuse chaleur, dans un ciel bleu, lavé de nuages.

Chez Tonin, le calme est revenu. Il est vrai que nos deux antagonistes ont la voix éraillée, que dis-je ? cassée ; la gorge irritée. Les cris n'ont plus leur stridente vigueur. Lasse et rassurée, Juliette sommeille paisiblement, les bras repliés sur la table. A ses côtés, la bouteille d'eau-de-vie est vide, les verres renversés. Antoine, le ceinturon dégrafé, le col de la vareuse ouvert, les cheveux en désordre, se penche par-dessus l'épaule d'Alexandre, qui, les yeux rougis, le poitrail à demi nu, le visage crispé à bout de souffle, questionne :

« Quoi, tu n'as pas confiance en moi, mon gendre ?

– Parbleu que si, beau-père ! Mais moi, j'ai mauvaise mémoire, je préfère que vous m'écriviez ce que nous avons convenu. »

Tous les villageois sont là, aucun n'est allé se coucher ; ils sont inquiets, silencieux, massés devant la maison d'Antoine.

La porte s'ouvre enfin, libérant de la foule un soupir de satisfaction. C'est Alexandre, fatigué, vieilli, qui se présente le premier. Son regard, encore terrible, impose le silence. Il tient par la main Juliette, la tire, comme s'il tirait un sac de pommes de terre ; il s'arrête, se tourne vers Tonin et annonce victorieux : « Au revoir, mon cher gendre ! »

La foule, muette, est glacée d'effroi par la « victoire » d'Alexandre. Les habitants, terrassés par la nouvelle, s'écartent, sans réaction, pour laisser passer le premier citoyen de Crillon. Les adjoints rassemblés (tiens ils sont douze à présent !) délivrés de leur angoisse, crient :

« *Vivo Moussu lou maïre !* »

Lorsque Tonin se montre, la foule a un murmure désapprobateur. Tonin sourit, goguenard, il salue à la ronde. Les Crillonnais, font silence. Le Capitaine agite un papier, doucement, le déplie, il lève les yeux, regarde la foule… Félicien crie : « O Tonin, explique ! » Tonin, se racle la gorge, il lit :

« Moi, Alexandre, maire de Crillon le brave … je reconnais, en cette nuit du 23 février, ce qui a été dit, et promis entre moi et Antoine. Je lui donne ma fille Juliette. Elle lui apportera 130 francs de dot mensuelle. C'est tout. Car, avec la retraite militaire d'Antoine, ça suffira pour que notre Capitaine vive sans travailler, que c'est pas son fort.

En plus, Antoine se présentera sur ma liste, comme maire en second, attention pas comme adjoint, mais maire en second, déclaré en préfecture. Attention, je resterai le patron. Antoine, ne s'occupera que de deux missions : urbanisme et finances locales. Ce sera tout, mais déjà en cet honneur, et sur les conseils d'Antoine, j'enlève à partir d'aujourd'hui ma dernière imposition de 56 francs. »

Là, Tonin arrête sa lecture pour regarder son auditoire. Certains ôtent leur chapeau. Par respect peut-être, ou parce que rendus muets par ce grand bonheur subit, ils veulent montrer leur reconnaissance. Certaines femmes pleurent. Tonin, attendri, reprend sa lecture.

De son côté, Antoine, s'engagc, jure sur l'honneur de ne pas se présenter aux élections contre Alexandre avant au moins dix ans… « Tant que je me retirerai pas de mon plein gré. »

« Fait à Crillon le…

Signé Alexandre. »

Silencieuse un instant, la foule reprend ses esprits, murmure, puis hurle, joyeuse et libérée, délirante de bonheur.

– *Vivo Moussu lou conse… Vivo moussu li conse !*

– *Vivo li novi !* (Vivent les mariés !)

Là-bas, près des nuages, le Ventoux entre en gloire.

Henri de Courthezon,
ou
C'est la fée qui l'a fait

Je ne sais pas si je vous ai déjà raconté l'histoire de mon camarade Henri. Je dis « camarade », car je devais être la seule personne au monde qui lui parlait. Non pas qu'il n'eut envie d'entamer une discussion, au contraire, mais parce que sa laideur repoussante faisait se détourner tous les regards. L'Amérique a fait un film sur *Elephant man* ; rien n'a été fait sur Henri. Et pourtant il était bien plus hideux que lui !

La première fois qu'il vint à l'école à Courthezon, ce fut la stupéfaction. Vous savez comment sont les enfants… Eh bien là ! aucun son ne sortit de nos gorges enfantines. Nous étions tous atterrés, certains même avaient peur, et l'instituteur, M. Reil, dut mettre le nouveau venu dans le fond de la classe, à l'abri des regards… Il ne restait ni à la cantine ni à l'étude. Ses parents venaient le chercher dès la classe finie… Il sortait même une demi-heure avant les autres, pour éviter la rencontre avec d'autres parents.

Je dois donc vous parler d'Henri. Sa laideur n'était pas due à un accident, à un passage sous un train, à la chute d'un avion ou à un incendie, non, c'était (si j'ose dire) un « don de la nature ». Enfin ! Dieu l'avait fait comme ça. Le seul accident que l'on pourrait invoquer, c'était peut-être un manque de placenta ou une chute de l'utérus. Même des forceps tirés par le démon auraient fait moins de dommages !

Sa peau était couverte de pustules, ou de boutons, mais

heureusement, pas tous purulents. Il avait de grands yeux bleus. Je dis bleus par gentillesse, car ils étaient de couleur indéfinie. Je dis « grands yeux », parce qu'ils semblaient se toucher et n'en former qu'un. Ils étaient décalés vers le centre, et cela le faisait ressembler à un phare de haute mer, ou à une lampe de mineur. En revanche, ses yeux ainsi accouplés roulaient dans tous les sens ; il avait la faculté de voir sur 190°. Il avait quelques rides au front comme tout le monde, mais tout de même, à quinze ans, avoir un front comme un champ fraîchement labouré c'était un contraste qui détonnait avec ses cheveux roux poussant par plaques. Le champ labouré de son front n'aurait pas dû avoir de l'herbe, alors qu'Henri exhibait, de-ci de-là, entre les monticules de chair et ses boutons, quelques belles touffes de crins blancs, ressemblant à des balais piqués à l'envers dans ce champ. A la réflexion, ce n'était pas si mal… Hideux d'accord ! mais pas mal.

Il avait, avouons-le, de très belles lèvres bien ourlées, flatteuses même, sauf lorsqu'il parlait, car en ce cas, elles se déformaient. Sa bouche s'ouvrait très grande et l'on pouvait voir jusqu'au nombril. Si je dis nombril, c'est pour situer, car il n'avait pas de nombril. C'était curieux de contempler cette large bouche, avec ces lèvres vertes bien dessinées allant jusqu'aux oreilles. Là encore, si je dis vertes, ne vous méprenez pas, elles n'étaient pas d'un vert bouteille sale et repoussant, non, mais d'un vert chlorophylle, un peu comme une chenille, car elles avaient, elles aussi, quelques poils rigides qui les agrémentaient çà et là.

Ses oreilles en revanche n'étaient pas très belles, d'abord, parce qu'elles n'étaient pas à la même hauteur ; l'une était plate comme une limande et en avait même la forme, l'odeur et la taille ; l'autre était normale, comme un chou vert, nervuré comme lui et transparent aussi. Quoi que vous en pensiez, ces couleurs ne s'accordaient pas, d'autant plus que son nez, mi-pomme de terre, mi-tubercule non identifiable, commençait à germer de façon anarchique. Sa couleur vineuse, ou rouge cerise était en contraste avec le vert des lèvres et des oreilles. C'est vrai, je suis chatouilleux sur l'harmonie des couleurs. Je le lui ai dit, d'ailleurs – « Ce que je n'aime pas en toi, ce sont tes teintes de verts » –, seulement il comprenait « ver » et, touchant ses boutons et ses pustules, il me répondait : « Oh ça y est, j'ai encore des vers qui sortent ». Il roulait ses yeux dans tous les sens. Ce qu'il pouvait être comique et tendre… !

Sa silhouette était massive, pas du tout informe, puisqu'elle ressemblait à un énorme ballon de foot, bien rond, bien gonflé. Il paraissait rouler, et partir dans tous les sens. Lorsqu'il « marchait » on ignorait toujours de quel côté il allait se diriger ; ça le rendait sympathique, d'autant plus qu'il ne tombait pas ! Avec ses grands pieds, c'était normal ! Son pied droit était telle une souche, ou une roue de voiture ; d'ailleurs comme chaussure il portait un pneu, mais de forme ovale. L'autre pied était pratiquement conforme à son personnage monolithique, il ne faisait qu'un avec sa cuisse, un seul bloc, une patte d'éléphant, mais sans articulation. Cela lui donnait une démarche chaloupée, du meilleur goût ! Qui plus est, on pouvait le suivre de très loin, pas seulement à cause de l'odeur, mais à cause des traces qu'il laissait derrière lui.

Il sortait rarement, sauf lorsque ses parents pour lui faire sa toilette le menaient à la campagne afin de le laver au jet, parfois au carcher. Ils s'étaient équipés pour le véhiculer ; ils avaient acheté une benne, seul véhicule dans lequel il était comme chez lui. Donc, ce jour-là, ses parents le déversent dans le Ventoux, un peu pour qu'il se retrouve au milieu des siens, un peu dans l'espoir de passer inaperçu ; sauf que les gardes forestiers en le voyant risquaient de dire : « Il va falloir le marquer au rouge, pour l'abattre prochainement… »

Le voilà donc dans la forêt. Même là, il n'était pas pleinement heureux ! Il traînait sa tristesse au milieu de l'humus.

Tout à coup, à la croisée d'un chemin, un crapaud énorme, agréable à regarder, de couleur verte, un peu comme les oreilles d'Henri, lui dit d'un voix caverneuse :

« Dis-moi, tu n'as pas l'air content de ton sort ? »

Henri, un instant stupéfait, regarde cette bête, aux pattes arrière démesurées, à la peau craquelée mais régulière, aux yeux glauques qui sortent de ses orbites. Comme Henri ne s'est jamais regardé dans une glace, ou pas très souvent, il trouve cet animal assez joli. Il va passer son chemin, mais le crapaud lui dit :

« Je suis laid, je le sais, mais toi que t'arrive-t-il ? Tu es vraiment vilain, tu es pire que moi !

– Moi, dit Henri, je suis né ainsi. Je suis triste parce que je ne ressemble à rien et que je voudrais être plus beau.

– Plus beau ? Facile à faire ! Cela peut s'arranger, dit le crapaud. Je suis une bonne fée de Provence, mais une méchante autre fée m'a transformé en cet état. Pour me redonner figure humaine, il faut que quelqu'un me prenne dans sa main et me donne deux baisers, un sur le ventre, l'autre sur le dos… Si tu peux le faire, je redeviendrai fée et moi, en remerciement, comme tu le désires, je te rendrai plus beau. »

Henri n'hésite pas. Lorsque parfois, il lèche les purulences qui le démangent, c'est certainement pis que la peau du crapaud. Il ne tergiverse pas. Il prend le crapaud visqueux et l'embrasse par deux fois.

La forêt semble tout d'un coup s'illuminer. Un soleil rouge et jaune, une boule incandescente jaillit devant les yeux d'Henri. Une fée, belle comme le jour au petit matin, fraîche comme une eau de source, est là devant lui, avec son diadème et sa baguette magique qui lancent mille étincelles. Henri est émerveillé, il n'a pas l'habitude de contempler tant de beautés.

La fée lui demande :

« Veux-tu toujours être plus beau ?

– Oh oui ! » crie Henri d'une voix qui se veut plaintive et pleine d'espoir.

La fée alors, d'un coup de baguette magique, transforme Henri en crapaud.

La morale de cette histoire lamentable, c'est qu'il faut toujours être précis dans ses dires : « Etre plus beau » ne veut rien dire, c'est vague… Etre plus beau ? plus beau que quoi ? que qui ? Le crapaud était certainement plus beau qu'Henri.

Triste fin pour un ami que je n'ai plus revu, tout en l'ayant croisé peut-être mille fois depuis.

La libellule de Bédoin

Alors, là ! croyez-moi, l'histoire que je vais vous conter, c'est un vrai conte de fées, puisque je l'ai vécue ! Mais c'est aussi l'histoire merveilleuse de l'amitié de deux enfants.

A l'époque, j'avais quoi ? neuf ans, neuf et demi ? Mon copain Dylan était un peu plus jeune. C'était un garçon merveilleux. Je le revois encore : sa bonne tête ronde, ses cheveux en bataille, peignés avec ses mains, ses grands yeux pleins d'innocence et de franchise. Nous avions beaucoup de points communs : il était peut-être moins hardi, moins « *troun de l'air* », moins aventureux que moi. Il était taciturne, peut-être parce qu'il était orphelin. Il avait perdu sa maman à sa naissance. Il n'en avait que le souvenir magnifié par son papa.

Nous nous retrouvions toujours pour les vacances, pour les longues « fins de semaine » ; bref, dès que nous le pouvions. Nous allions, pratiquement chaque fois, dans la pinède des « Crans » à Bédoin, au pied même des premiers contreforts du Ventoux. Mes grands-parents avaient là un cabanon et quatre-vingts à cent rangées de vignes…

Dès notre arrivée dans ce lieu idyllique, en fin de matinée, après avoir aidé à sortir la table, les chaises, pour un « pique-nique de luxe », comme disait ma grand-mère Léonie, nous prenions notre « besace ». Mamé Léonie y glissait notre repas de midi : un en-cas. Il était prodigieux ! J'en ai toujours le goût en bouche… Mamé grattait sur un quignon de pain, une ou deux gousses d'ail, puis, doucement, méthodiquement, avec amour, elle humectait le pain d'huile d'olive de l'année, prise à même la jarre. Elle sentait bon le fruit. C'était un régal des yeux, du goût, du parfum : « Un petit Jésus en culotte de velours », comme le dira plus tard Lucette.

Ainsi ravitaillés, nous partions très vite vers notre lieu de prédilection, la « face nord » de la Pinède. Nous avions trouvé là un terrain de jeu idéal qui n'appartenait qu'à nous. Mieux même, nous avions repéré un nouveau refuge, ou plutôt deviné une autre grotte qui se trouvait invisible du bord. Il avait fallu se pencher pour apercevoir un trou, sur le flanc de la falaise. Falaise ! Enfin, pas abrupte, mais très raide, d'un accès difficile, sans être dangereux. Nous allions l'explorer, ce matin.

En contrebas, se trouve un peu sur la droite une merveille de la nature, les "demoiselles coiffées". Ce sont trois colonnes de terre, de sable, de conglomérats de roches siliceuses, hautes de six mètres, couvertes d'une plaque de roche plus dure, faisant coiffe, un peu comme un béret ou une casquette. Phénomène géophysique très rare, puisque, après Bedoin, c'est en Turquie (en Cappadoce) que l'on trouve ce même type de colonnes ; mais, disons-le tout de suite, à Bédoin, elles sont plus belles dans leurs formes et leurs structures.

Enfin, toujours est-il que nous devions marcher vingt minutes sous les pins, avant d'arriver à pied d'œuvre. Marche silencieuse dans un décor de rêve. Pourquoi silencieuse ? Pour ne gêner ni la faune ni l'ordonnancement des lieux.

Notre marche est tellement douce et calme, que nous avons vu détaler trois beaux lapins de garenne. Les oiseaux aux multiples plumages nous servent un concert étonnant, tandis que les écureuils roux se glissent entre les pignes de pins.

Nous voici arrivés. J'entreprends, le premier, la descente vers la « grotte de rêve » ; j'atteins la plate-forme de « notre » chez nous ! Elle fait un coude, deux mètres plus loin ; elle paraît vaste, formidable ! Nous aurons là un repaire idéal.

J'attends Dylan qui descend doucement, prudemment, rouge d'efforts et de crainte ; le voici à mes côtés, nous pouvons à loisir admirer « la » grotte.

Juste après le coude, l'entrée est barrée, occultée totalement par une immense et très épaisse toile d'araignée. Elle est tellement vieille, qu'elle en est opaque. Opaque de poussière et de cadavres d'insectes séchés. C'est peu rassurant ; il doit y avoir un nid, ou des nids, de très grosses araignées. Pour avoir fait une telle toile, et la conserver, il doit s'agir de « monstres » ! Mais nous avons au moins une certitude, c'est qu'il n'y a personne à l'intérieur… ou seulement des cadavres ! Je le pense avec effroi, mais je n'en dis mot à Dylan.

Un peu angoissés, nous sommes là, tous les deux, un moment interloqués devant cet obstacle, cette porte adhérant de tous les côtés, comme soudée aux parois.

« Que fait-on, dis-je ? On la déchire ?

– Oui, bien sûr ! je vais chercher un bout de bois », réplique Dylan.

Ça alors, on nous a changé Dylan ! Le voici qui sort, se penche, descend quelques mètres pour aller chercher dans le vide… une branche morte de pin. Armé de la sorte, tel un preux chevalier plein de courage, il pourfend, comme avec une épée, l'épaisse toile d'araignée. Au premier coup, juste un petit morceau se déchire, elle est résistante comme si elle avait mille ans… et il nous semble entendre un cri de joie, comme un « ouf » ! Ce doit être notre esprit angoissé ! En revanche, et de façon très réelle, une odeur de cave, de renfermé, heurte notre odorat.

Dylan se remet au travail, s'active sur la toile collante, qui s'agglutine sur le morceau de bois, faisant comme un pansement à la branche. Il arrive à nettoyer l'entrée. Nous découvrons l'araignée. Il n'y en a qu'une, mais grosse comme une tête d'enfant, tiens, comme celle de Dylan ! Nous avons un mouvement de recul, puis nous constatons que la bête velue est sans énergie, statique, endormie ou trop vieille. Je prends des mains de Dylan l'arme improvisée, il ne me faudra qu'un seul coup pour tuer le monstre dégoûtant que j'écrase dans un bruit de melon qui tombe à terre et éclate.

Nous pénétrons, craintifs ; nos pieds s'enfoncent dans une terre molle d'où monte une forte odeur d'humus. Le soleil, pas encore à son apogée, éclaire la grotte comme un puissant projecteur. Nous voyons jusqu'au fond, distant de cinq à six mètres. Cette lumière nous rassure.

Nous observons surpris, une sorte de libellule ! D'où vient-elle ? Que fait-elle là ? Comme elle est belle ! Nous l'admirons, obnubilés par son rayonnement. Elle est lumineuse, brillante de mille feux. La voici qui va se blottir dans un creux de rocher. Nous avançons pour mieux l'observer. Nous sommes rentrés aux trois quarts dans la grotte. Notre domaine est vaste, nous allons pouvoir faire tous les jeux possibles ; à droite, le rocher est taillé parfaitement, un homme peut y tenir debout ; à gauche, nous distinguons parfaitement l'insecte ; il irradie une lumière vive et surprenante. C'est bien une libellule, mais ses ailes sont légères, belles comme un voile arachnéen coloré, son long corps gracile semble couvert de pierreries ; nous n'avons jamais vu cela ! Sa tête elle-même ressemble à un diadème. Nous la contemplons, rassurés, surpris par tant de grâce.

Je ne peux m'empêcher de dire : « Tu te rends compte Dylan, nous avons un locataire beau comme un bijou.

– C'est sûrement la princesses des libellules ! il faudrait peut-être lui apporter à boire ? »

A cet instant, la grotte s'illumine, comme si le soleil tout entier était entré, là, à trois mètres de nous. Nous sommes éblouis. Une pluie d'étincelles tourbillonne autour de nous. C'est, à présent, le feu d'artifice ! Nous reculons jusqu'au fond, figés de stupeur.

Devant nous, une boule de feu, flamboie, s'irradie en multiples nuances de couleurs vives. Nous poussons un cri mêlé de peur, et soudain une voix douce nous dit :

« N'ayez pas peur, ce n'est que moi, la fée Léonidine ! »

Nos yeux s'arrondissent, à sortir de leurs orbites. Rêvons-nous ?

Lisant dans nos pensées, la fée précise : « Non, vous ne rêvez pas, je suis la gentille fée Léonidine. » Et sortant d'un nuage parfumée, elle se montre à nous. Elle apparaît : sa silhouette est radieuse, son visage beau comme celui d'un ange. Ses cheveux blonds comme des fils d'or dans un halo doré tombent sur ses épaules graciles. Léonidine nous parle ; sa voix est douce, cristalline comme un filet d'eau de source glissant entre les fleurs sauvages. La fumée se dissipe, étoiles et feu d'artifice s'estompent. De sa voix suave, la fée nous dit :

« Voici 534 ans qu'une mauvaise fée, la vilaine Tracula, jalouse de moi, m'a, par surprise, transformée, en libellule. Elle m'a enfermée dans cette grotte, emprisonnée dans l'infranchissable toile poisseuse de l'araignée Aracide. Depuis plus d'un demi-siècle, je me morfonds, je languis dans cet antre, et n'en pouvant plus, je commençais à perdre espoir. Le sortilège disait que je serais délivrée si deux enfants perçaient la toile et tuaient l'araignée. Mais il fallait aussi qu'ils fussent gentils et prévenants. C'est pourquoi, je ne me suis pas manifestée avant. Il fallait que je teste votre gentillesse. Vous avez été bons, et me voilà grâce à vous, de nouveau fée, 534 ans plus tard. Quel vœu voudriez-vous voir exaucé ? »

Eberlués, étourdis, nous restons figés de stupeur.

Léonidine poursuit sa déclaration, tout aussi calme et sereine : « Réfléchissez, vous avez le temps, moi, je vais aller "prendre l'air". Vous vous rendez compte, 534 ans que je n'ai pas vu le monde ! A-t-il changé ? » nous demande-t-elle… Nous nous regardons ébahis, ne comprenant pas, car nous ne savons pas s'il a changé ; pour nous c'est toujours le même.

Devant notre mutisme, notre bonne fée nous conseille de ne pas bouger : « Je reviens dans cinq minutes, je vais juste survoler la région. A mon retour, je vous comblerai de cadeaux. » Et, dans un tourbillon de parfums, Léonidine disparaît.

Dylan et moi restons là, pensifs, comme engourdis. Après un très long silence, je demande : « Que voudrais-tu, toi, comme cadeau ? »

Dylan réfléchit :

« Je ne sais pas, c'est peut-être pas vrai !

– Ecoute-moi, dis-je, vrai ou pas, on ne risque rien d'essayer ! Moi, je vais demander une bicyclette avec un guidon de course, trois vitesses comme celle de Vietto ; je veux aussi, un équipement de d'Artagnan, peut-être un gros sac de billes. Ho ! Dylan, tu es muet ?

– Non, dit-il, je réfléchis et j'ai trouvé ! crie-t-il, radieux.

– Ce que je "me" veux, c'est un vœu terrible, coquin de sort !

– C'est quoi, mon cher ? dis-je (dans un français châtié, moi !)

– T'occupe, tu le verras bien tout à l'heure ! Mais toi, René, c'est quoi ton vœu, exactement ?

– Je ne puis encore le savoir, trop de choses courent dans ma tête qui s'échauffe, je dois peser le pour et le contre. » (Je vous dis, j'étais un garçon parfait !)

Déjà, Léonidine était de retour. Elle ramenait avec elle toutes les senteurs de la Provence ; ses joues étaient colorées comme nos pommes d'amour. Elle était encore plus jolie (j'en devenais amoureux, sans savoir ce que cela voulait dire). Elle semblait désenchantée. Pourtant dans un sourire à faire damner une araignée, elle nous dit : « Le monde n'est pas si mal… Il faut s'y faire ! Alors mes enfants quels sont vos vœux ? »

Dylan me devança, rouge de plaisir, criant plus qu'il ne parlait :

« Ce que je veux, c'est que ma "mèèrre" revienne ». Un long silence se fit. Moi-même, j'avais pensé à tout, sauf à ça ! Je frissonnai, j'étais ému. La fée resta coite, son visage s'assombrit, et d'une voix mal assurée elle répondit :

« Vois-tu petit, tu peux tout me demander, mais faire revenir les disparus, ce n'est pas possible hélas, cela n'est pas de ma compétence. Ma tristesse est grande ! »

Dylan baissa la tête, catastrophé, anéanti. Une larme glissait sur ses joues rebondies. Il se détourna, et alla pleurer à son aise dans un coin de la grotte.

Nous étions tristes. Léonidine dit alors :

« Ta maman ne peut pas revenir, mais je peux rajeunir ton papa ou ta grand-mère… ou encore, je peux t'emmener la voir là où elle est.

– Quoi ? Dylan et moi, avions poussé ensemble ce même cri d'espoir. C'est possible d'aller voir ma maman ?

– Bien sûr, mais tu ne pourras rester avec elle que quelques heures, car…

Dylan ne lui laissa pas finir sa phrase, et enchaîna tout de go :

– Qué chance ! J'y vais. Même pour une heure, je veux la voir cette mère que j'ai pas connue. C'est loin ?

– C'est très loin, répondit la fée, mais nous y serons en deux secondes… et toi René quel est ton vœu ?

– Moi ? dis-je dans un souffle, oubliant bicyclette et d'Artagnan. Moi, j'accompagne mon ami Dylan, je ne veux pas le laisser seul ! »

La fée s'approcha de nous, elle nous tendit les bras, nous allâmes nous blottir au creux de son épaule.

« Fermez les yeux ! » demanda Léonidine.

Une seconde plus tard, nous nous retrouvâmes tous les trois dans un jardin. Les fleurs étaient énormes, belles et odorantes ; leurs parfums, si tendres et si forts à la fois, nous enivraient, nos yeux percevaient tout à travers un brouillard radieux. Léonidine, souriante, nous dit : « Suivez-moi, je vais vous conduire ».

L'air était tiède, une brise légère et parfumée nous enveloppait. Nous marchions sur une pelouse verte, drue et moelleuse à la fois. Des oiseaux au plumage chatoyant étaient là à portée de main, nullement effarouchés. L'un deux avait des plumes si colorées qu'il ressemblait à une palette où le peintre aurait étalé toutes les teintes. Il était très beau. J'avançai la main pour le caresser. L'oiseau me dit alors : « Bonjour mon garçon, veux-tu quelque chose ? Veux-tu que j'aille te cueillir des cerises ? des abricots ? » Je perdis le sens des réalités, et ne pus que répondre, un peu effrayé : « Non, merci ! ».

Soudain, d'un fourré sort un énorme lion ! Nous nous serrons contre Léonidine.

Le lion nous regarde, et d'une voix grave, sentencieuse mais douce, nous dit : « N'ayez pas peur mes braves, la première fois je donne toujours cette impression, mais je suis plus doux que le miel du Ventoux. Allez venez ! faites comme les autres, venez toucher ma crinière cela vous portera bonheur.

– Mais où sommes-nous ? demande Dylan aussi surpris que moi par ce jardin merveilleux et ces bêtes si aimables.

– Mais voyons, les enfants, au paradis terrestre !

– Paradis terrestre? Le même que celui de monsieur le Curé ?

– Oui bien sûr, le même, c'est là que se trouve ta maman, Dylan chéri. »

Nous marchons depuis longtemps. Nous ne sommes pas fatigués, nous avons l'impression de nous déplacer sur un coussin d'air.

« Si c'est ça le paradis terrestre, c'est rudement un drôle et un chouette bon truc ! » s'exclame Dylan, qui vient d'aviser, dans un petit étang clos, un joli petit crocodile tout vert, tout propre. Dylan s'approche pour le caresser.

« Non, s'écrie la fée ! Ne le touche pas, c'est le seul animal qui soit resté à l'état sauvage ! »

Au détour d'un chemin bordé d'orchidées et d'hibiscus, nous apercevons un château. Pas un château féodal, mais une grande maison avec deux tours, pointues et droites. Un peu comme deux bougies sur un gâteau. La bâtisse est grande, belle, parée de couleurs éclatantes même sous le soleil palissant.

Nous avançons sur le perron. Une jeune et jolie femme nous attend. Elle se précipite sur Dylan, le couvre de baisers, le soulève et l'écrase sur sa poitrine : « Mon fils, mon fils chéri ! pleure-t-elle. » Maman pleure, Dylan pleure… Nous les laissons à leurs effusions.

Un long moment après, Dylan demande à sa mère :

« Mais comment m'as-tu reconnu ?

– D'abord, sache qu'une maman reconnaît toujours son enfant. Je t'ai reconnu aussi, parce que je te vois tous les jours ; à tous les instants, je peux voir ce que tu fais, ce que tu dis… et cela grâce à la "vistatelé".

– C'est quoi ?

– Venez voir ! » et la maman nous emmène dans une pièce vaste, silencieuse et obscure, garnie de multiples écrans de cinéma, mais en verre. Devant chaque écran se trouve une petite pièce fermée, confidentielle. L'écran, c'est la télévision.

« L'homme va bientôt l'inventer », dit la maman. Elle poursuit en précisant : « Ici, quatre familles défuntes se regroupent sur un même écran, à tour de rôle, elles peuvent regarder ce qui se passe sur terre, surveiller leur famille et envoyer même parfois un ange gardien pour leur venir en aide… ou les punir si la nécessité l'exige. Voulez-vous voir quelque chose ? » Dylan interloqué ne peut dire que : « Boudiou ! Tu connais tout de moi, alors… ? »

De mon côté, je demande :

« Je peux voir mes grand-parents qui doivent se faire du mauvais sang, car nous ne sommes pas encore rentrés ?

– Oh non ! dit la maman ; pour eux, vous n'êtes là que depuis cinq minutes, l'espace-temps n'est pas le même ici : nous avons l'éternité. »

L'écran, tout à coup, comme un arc-en-ciel, s'illumine de mille couleurs. C'est beau, c'est naturel ; je vois notre cabanon, mon grand-père, assis, qui s'éponge le front. La pièce, ici au paradis, se remplit de l'accent vauclusien. Il y a même l'odeur des fleurs et de la terre surchauffée. C'est comme s'il était à portée de main.

« Oh là ! dit mon grand-père Alfred, *qué chaleur peuchére*, et il n'est pas encore midi ».

Il se sert un pastis. L'eau fraîche du puits se trouble en jaune vif. Mon papé pose le verre, se frise la moustache, claque des lèvres et dit « *A quo faî dé be !* » (Ça, ça fait du bien !).

« A moi maintenant, s'impatiente Dylan, je veux voir la mienne de grand-mère.

– Bien sûr, mon petit, c'est ma maman à moi aussi, et je la regarde souvent. »

Sur l'écran, à présent, les images de la cuisine de la grand-mère de Dylan. Nous la voyons, voûtée, penchée sur le fourneau à bois, préparant le repas de Dylan. Elle s'applique. Elle ressemble un peu, à sa fille, mais hélas en plus âgée, en plus fatiguée. D'ailleurs, elle s'assied, l'air épuisé, et l'on entend un profond soupir de fatigue. Dylan est tout retourné, il est ému. Il n'avait jamais vu sa grand-mère sous ce jour : vieille, cassée, « en deux doubles » (comme disait mamé). Dylan est triste et gêné. Il demande :

« Pouvons-nous voir papa ?

– Bien sûr, tiens le voilà dans le Ventoux. » Le papa de Dylan est charbonnier, fabricant de charbon de bois. Il va tous les matins à l'aube dans le Ventoux, derrière « Perrache » préparer son immense cheminée. Sachez que trois hommes et un mois de travail sont nécessaires pour construire les plus grosses. Il faut cent tonnes de rondins de chêne calibrés et disposés sur quatre à cinq mètres de haut pour récolter, quinze jours plus tard, vingt à vingt-cinq tonnes de charbon de bois.

Marius, le papa de Dylan, plus modestement, travaille seul. Il va suer sang et eau pour créer sa pyramide de bois érigée avec dix tonnes de petites bûches de chêne préalablement façonnées. Un mois plus tard, il obtiendra cette énorme « tente de Sioux » percée en son sommet. Une cheminée centrale aura été construite au milieu de trois rangées de rondins, disposés spécialement et méticuleusement. L'ensemble de cet édifice sera recouvert de paille et de terre, assurant une parfaite étanchéité et il faudra dix jours environ à cette masse énorme pour se consumer sans brûler. Pour régulariser la carbonisation, c'est jour et nuit, sans relâche, qu'il faut surveiller la charbonnière. Fermer, puis ouvrir, suivant le sens du vent, des trous dans la coque blanche pour prévenir tout embrasement intempestif, qui offrirait un gigantesque « feu de la Saint-Jean » inutile et ruineux.

Il faut aussi éviter que la braise intérieure ne s'affaiblisse ou ne s'éteigne, sous peine d'avoir à reconstruire. Un mois de labeur serait perdu.

Sur l'écran, nous voyons, comme si nous étions à ses côtés, le père de Dylan, noir dc suie, suffoquer au milieu des émanations de fumée. La chaleur infernale du bois qui se consume lui tanne la peau, il ne peut se défendre contre cette brûlure qui le grille.

C'est ainsi que le papa de Dylan fait du charbon de bois. Dur métier, qui ne lui rapporte pas des mille et des cents, mais qui fait vivre honnêtement une maisonnée. Le brave homme ne compte pas ses heures, ni sa peine…

Mais reprenons la suite des images.

Nous le voyons démonter la cheminée, afin de trouver à l'intérieur le charbon de bois. L'homme est noir, plus noir qu'un ramoneur ; sa transpiration creuse de petites rigoles claires sur sa joue. Il ne boit pas, ne chante pas, ne s'arrête pas. Il travaille.

Dylan demande :

« Dis maman, tu peux lui parler à papa ?

– Non, dit-elle tristement, non ! Il n'entend pas. Parfois, je peux lui "insinuer" des pensées, mais il faut que ce soit important, ou alors j'interviens dans les rêves, un cauchemar pour le persuader de ne pas faire tel ou tel acte, un rêve doux pour lui conseiller un avis favorable… Ce sont les rêves de prémonition, pour vous avertir. Je ne suis pas la seule, il y a aussi ton grand-père qui peut intervenir !

– Ben, donc ! dit Dylan étonné, vous êtes deux à me surveiller, à me contrôler, à me…

– Pas du tout, réplique sa maman, il y en a d'autres, ton ange gardien, ton oncle, tous ceux qui t'aiment et qui ne sont plus sur terre, mais ce pouvoir s'arrête à l'oncle. Les autres n'ont pas ce droit ! »

Léonidine dit : « Mes enfants, c'est l'heure ! »

Nous nous regardons tristement, Dylan se jette dans les bras de sa maman en pleurs.

« Viens avec moi, viens !

– Non ! dit-elle.

– Alors, je reste ici. Voilà ! je reste là. »

La fée et la maman, voix enrouées, chargées d'émotion, disent ensemble :

« Non, mon chéri, ce n'est pas possible, ni que je te suive ni que tu restes. La nature, la loi sont ainsi faites. »

Devant tant de désarroi, Léonidine, en bonne fée, propose :

« Ecoute Dylan, regarde bien ta maman, dévisage là bien, imprègne-toi de son visage, de ses mains, de tout son corps, de tout d'elle… »

Dylan se met devant sa maman. Nous regardons intensément Denise, la maman de Dylan. Nous avons l'impression que « Denise », tout entière, s'imprime, se grave dans nos rétines, nous fermons les yeux, nous la voyons. Elle est là, c'est sublime ! Dylan me sourit, tout heureux.

« Pourquoi regarder maman ? demande Dylan à la fée.

– Vous aurez la réponse et la surprise ce soir ! Allez, maintenant en route, mauvaise graine ! »

Une dernière fois, la maman et son fils s'enlacent, se serrant très fort, comme voulant entrer l'un dans l'autre. Leurs larmes se mêlent et se fondent.

Nous nous réveillons, dans la grotte ! Le soleil est déjà bas, ce n'est pas tard, mais c'est l'heure de rentrer. Nous nous regardons, Dylan et moi. Aucun de nous ne veut parler. Pour dire quoi ? Que nous sommes partis avec une fée ? Folies ! Que nous avons rêvé ? Pas mieux ! Nous restons muets, je ne peux pas lui dire que j'ai vu sa maman en rêve, il serait peut-être triste. Nous rentrons... mais, n'y tenant plus je lui dis :

« Tu as dormi, tu as rêvé ?

– Moi, non ! je n'ai pas rêvé », répond évasivement et tristement Dylan.

Silencieux comme à notre arrivée, nous faisons le trajet inverse, quittant le quartier de la Fumade. Perdus dans nos pensées, nous retrouvons mes grand-parents. Ils ont rentré table et chaises et nous attendent. Papé nous dit :

« Vous êtes juste à l'heure. *Troun de l'air, aco es ben, sies dé braves pitchios !* » (C'est bien, vous êtes de gentils garçons !).

Du cabanon à la maison, il y a 4 km, il faut une bonne heure. Durant le trajet, Dylan et moi n'avons pas desserré les dents, à tel point que mamé nous dit :

« Vous vous êtes disputés, que vous ne parlez pas ?

– Non, non ! crions-nous en chœur, mais nous sommes fatigués ; nous avons beaucoup joué, beaucoup escaladé.

Mamé s'inquiète :

– Malheureux, vous allez vous faire du mal un de ces jours, faites attention qué ! »

Comme chaque fois, nous passons d'abord par l'église rue du For Neuf, et après avoir bu un bon verre d'eau fraîche rapportée du cabanon, je raccompagne Dylan à la Croix, cent mètres plus bas. Sa grand-mère nous donne alors deux gâteaux secs… C'est immuable.

Depuis le pas de la porte, nous entendons la grand-mère de Dylan, s'affairer avec ses casseroles. Nous rentrons, et là, stupeur ! nous « voyons » la maman de Dylan. Mon ami se précipite sur sa maman :

« Alors, maman chérie tu es là, tu as pu venir ? questionne-t-il en la serrant fort dans ses bras.

– Ça va pas les enfants, que vous arrive-t-il ? demande la « maman », l'air ahuri. Le soleil a tapé trop fort… » Elle parle avec l'accent de la grand-mère. « Moi, poursuit-elle, le soleil m'a enlevé mes douleurs, j'ai eu mal tout le matin, et vers midi, comme par enchantement, plouf, plus rien ! Je marche mal, je suis toujours courbée, mais je n'ai plus de fatigue, un miracle insiste-t-elle. C'est bizarre ! »

Dylan et moi nous regardons cette femme, jeune, droite comme un « i », belle, blonde, éblouissante. Nos regards se croisent. Nous ne disons rien. Nous ne comprenons pas… Nous comprenons d'autant moins que le père de mon copain parle à cette « dame » comme s'il parlait à sa belle-mère, en lui disant « vous », et surtout en n'ayant pas l'air de trouver un changement dans son apparence… alors que Dylan et moi, nous voyons Denise !

Dylan embrasse sa grand-mère comme il ne l'avait

encore jamais fait et, cette brave vieille est tout émue de l'affection soudain redoublée de son petit-fils.

« Ça va, maman ?

– Que vous êtes *bédigas* ! dit la grand-mère avec un sourire heureux. C'est gentil de m'appeler maman, y a longtemps que ça m'était plus arrivé, ajoute-t-elle tristement, mais là, petit, tu me combles. »

Tout à coup, dans un coin de la cuisine, jaillit une lumière blanche, que Dylan et moi, sommes les seuls à voir. Une libellule volette doucement, se pose sur la cheminée ; le visage de Léonidine apparaît, elle nous fait un clin d'œil malicieux.

Je regarde Dylan, il ne dit rien. Il regarde toujours avec ravissement sa maman, dans le corps de sa grand-mère. Il est ravi. Il détourne la tête pour essuyer une larme, tout en riant aux anges.

Nous nous disons au revoir sans plus de commentaires, mais pour la première fois, nous nous embrassons en nous serrant très fort. Nos yeux se croisent, et dans ce regard il y a toutc la lueur d'un bonheur extrême…

Je suis sur le pas de la porte, ému plus que je ne saurais le dire. C'est alors que Dylan me lance dans un cri :

« Alors à demain, à la grotte ? »

Le Noël boulistique de Louis de Sault

Au Café de l'Esplanade, Adrien demande à Polyte :

« Hé, petit ! tu fais une pétanque ? »

L'histoire se passe à Sault. Splendide village haut perché, cajolé par les premiers contreforts du Ventoux qui, en salvateur, l'abrite du mistral. C'est peut-être pour cela que, calmes, joviaux, enjoués, les 1 300 habitants (l'hiver !) de cette bourgade « alpestre », sont accueillants au possible, toujours prêts à lever le verre pour vous souhaiter mille bonnes choses. C'est vrai que, de leur fenêtre, la vue est lénifiante, imprenable sur une bonne partie du Vaucluse. L'air y est vif et embaumé, parfumé par les effluves des pins que tamisent de vastes pinèdes. Sault étale les toits rouges de ses vieilles maisons nonchalantes qui se prélassent sur les flancs du Ventoux.

Etendues à ses pieds, déroulées comme un tapis de fête, toutes les couleurs, toutes les saveurs, toutes les richesses du monde. L'olivier tordu et rabougri distribue aux vents l'argent de ses feuilles charnues ; le chasselas, avec ses feuilles rouille et jaune, donne l'or de ses grains juteux ; la truffe noire, grosse comme une châtaigne fripée, fait tinter la bourse des rabassiers*. Le bleu de la lavande, qui s'étend limpide, ondule comme les vaguelettes d'une baie tranquille sous le soleil. La nuit venue, à perte de vue, comme une fantastique et rutilante rivière de diamants, scintillent

---

* Ramasseurs de truffes.

les lumières de Monteux, Apt, Avignon et même Marseille et jusqu'au phare du Planier (pour les plus vantards !). Une merveille pour les yeux, dont se délectent les habitants. Les mauvaises langues disent : Sault se trouve dans une cuvette. Les menteurs ! Comment voulez-vous être dans une cuvette lorsque vous culminez à presque 800 mètres, chevauchant à cru sur l'épine dorsale du géant de Provence ! Mais laissons là les détracteurs, reprenons l'histoire de nos pétanqueurs.

« Alors, petit, redemande Adrien à Polyte, tu me la fais, cette pétanque ?

– Non ! tu sais, c'est plus mon fort, maintenant, je préfère le "Trivial Poursuit".

– C'est quoi ça ? Il faut aussi des boules pour y jouer ?

– Ah, non ! au contraire les "éboules" tu les as avec toi (et Polyte porte ses mains en arrondi sous son menton pour mimer les « boules »), et tu les prends grosses comme ça.

– *Ven diou*, c'est quoi ce jeu ?

– Eh bé, on te pose une question, il faut y répondre dans les trente secondes.

– Qué question ?

– Ça dépend ! n'importe. Par exemple : quelle est la capitale de la Bulgarie ?

– …

– Sofia !

– "Puting", je savais même pas que la Bulgarie avait une capitale, et qu'en plus elle s'appelait comme ma cousine Sofia », répond, dépité, Adrien.

Les clients arrivent, se regroupent autour du bar, intéressés par la conversation et par ce jeu d'intellectuels. Bernadette, la patronne, leur dit :

« Vous pouvez pas faire votre jeu idiot dehors ? Là, vous encombrez !

– Allez ouste, d’accord pour une dernière question.

– Tiens voilà, dit Polyte, pour des paysans comme vous, elle va être facile cette question. Il lit : “Quel est le plus vieux légume au monde ?”

Bernadette réplique :

– Vé, personne le sait, et on s’en fout, arrêtez va ! Tiens Polyte, si tu veux une réponse je vais dire : c’est moi !

– Ah ! Bravo Bernadette, tu as gagné ! C’est ça, le plus vieux légume, c’est la courge ! »

Bernadette, vexée, renvoie rudement tout son monde et se fige dans un air pincé.

En terrasse, la discussion reprend. Mais Adrien s’en désintéresse, d’autant plus qu’il voit arriver le Louis. Louis est un homme solide, maigre, voûté, boitillant légèrement ; on dirait un vieil olivier dont il a aussi la résistance et la beauté. C’est un joueur de pétanque redoutable. Tous les joueurs de Sault se disputent l’honneur de l’avoir pour partenaire. Malheureusement le Louis est désargenté, pas indigent, mais peu argenté. Il n’a pas les moyens de faire des déplacements, même pour aller jouer à Carpentras ou à Avignon. Il joue seulement à Sault. Il en est la vedette. Il est aimé de tous pour sa gentillesse et sa loyauté.

« Bonjour, Louis ! »

Et sans attendre, Adrien lui demande s’il veut faire une pétanque. Notre Adrien se sent plus à l’aise avec des boules !

Louis ne se fait pas prier : « Pourvu dit-il, que quelqu’un me prête des boules! ». Ce qui est fait sur le champ.

La partie « tête à tête » (ou bugne à bugne) n’est pas passionnante. Louis est trop fort. Mais comme il ne veut pas vexer son ami, il laisse aller et perd souvent volontairement des points tout faits. Les spectateurs, complices, laissent faire.

Louis gagne 13 à 11. Honorable pour Adrien qui ne perd pas la face. C'est pourtant un très bon joueur, mais sans complaisance, il aurait perdu 13 à 3, au mieux.

Le cercle bouliste de Sault, « La Boule atomique », a été créé il y a plus de cinquante ans au Café de l'Univers, à l'époque de l'explosion de la bombe atomique à Bikini. Ce n'est pas d'hier. (Aussi, je ne sais plus si c'est à Sault ou à Courthézon que fut créée cette société. Peu importe !) La société est donc très ancienne, fameuse et renommée dans le Vaucluse.

Dimanche, il y a la « Fête du vin nouveau » à Gigondas. Elle se déroule mi-décembre, à quelques jours de Noël. Son attrait, après la dégustation des vins et la distribution des médailles aux meilleurs crus primés, c'est son fabuleux concours de pétanque. C'est le dernier concours important de l'année en Provence. Les équipes professionnelles de Marseille, Toulon, Nice et même d'Italie viennent pour y glaner coupes et lauriers, les prix en espèces n'existant pas. Les prix attribués aux vainqueurs sont des lots de caisses de vin de Gigondas, des crus les plus célèbres.

On vient à Gigondas seulement pour gagner le prestige. La coupe à Gigondas est la réplique du championnat de France, certains disent même du monde. Gagner à Gigondas est une consécration pour les triplettes !

Depuis la création de ce concours, jamais encore une équipe vauclusienne n'a pu le gagner, ni même entrer dans les huitièmes de finale.

Cette année, « La Boule atomique » de Sault, désireuse de bien figurer, se prépare depuis neuf mois à participer dans les honneurs. Elle a sélectionné deux joueurs de doublettes qui s'entraînent régulièrement et qui ont gagné des concours importants comme ceux d'Avignon, d'Apt, de Cavaillon.

Il y a Pierrot, le ramasseur de lavande et distillateur qui traîne toujours avec lui la puissante odeur d'essence de lavande. Il y a aussi Lizou le forgeron aux mains brûlées, calleuses, mais qui sait « tenir » une boule comme pas un… A cette équipe de qualité, les dirigeants de « La Boule atomique » ont adjoint Louis, ayant décidé de lui payer tous les frais de déplacement : le restaurant, la chambre, les menues dépenses. Le concours dure trois jours, sauf pour les éliminés des premiers tours, bien sûr !

Louis est très heureux de cet honneur. Il consent, après bien des hésitations, à s'acheter des espadrilles en corde ; il ne possède que de robustes chaussures de travail. Il hésite moins pour l'achat d'un pantalon en toile, il en avait besoin. Mais il ne peut acquérir des boules, ce serait engloutir ses revenus de huit jours. Luxe qu'il ne peut se payer, malgré l'envie qu'il en a depuis plus de dix ans.

« La Boule atomique » lui prêtera donc une paire de bonnes boules, en l'occurrence celles du cafetier de l'avenue de l'Oratoire. C'est un grand costaud, même athlétique, bon vivant, mais piètre pétanqueur. On dit de lui : « Il mange mieux qu'il ne pointe, et il boit plus vite qu'il ne tire… » Aussi, c'est volontiers qu'il prêtera ses boules en inox à Louis. De belles boules luisantes comme le nez des avions.

« Je te les prête, dit-il, mais fais bien attention, elles ne sont pas bonnes, et peut-être tu me les arrangeras, car elles sont pleines de défauts : elles n'arrivent jamais à s'approcher du "petit" à moins de 50 cm, et de plus ces "testardes" refusent absolument de frapper, lorsque je tire les boules des adversaires ! Une catastrophe ! Elles sont incontrôlables et pacifistes ! Je ne joue plus à la pétanque avec elles, je fais des journées à l'ONU ! »

Tiens justement, parlons-en de la pétanque. La pétanque est un art totalement provençal. C'est ce que démontre Yvan Audouard dans son livre *Le Noble Jeu provençal* *. Il précise : « C'est sans doute le plus beau, le plus rare. C'est un jeu qui demande beaucoup de place et beaucoup de temps. » J'ajoute, moi : « Et aussi beaucoup de verve et beaucoup de salive. »

Il vient d'où, ce jeu qui sent l'anis, la farigoule et la poussière ? La pétanque, c'est toutes les senteurs de la garrigue, c'est l'accent, c'est l'ail. C'est aussi le cri des cigales que l'on retrouve dans le cliquetis des boules qui se heurtent. Ce jeu vient du fin fond des âges. Je vais vous faire un aveu : c'est Marc, le sonneur des cloches de Pâques, vous savez l'amoureux courthézonnais d'une demoiselle d'honneur de la cour du pape, qui m'a rapporté l'anecdote, car il l'a vécue. Dans leur tour de garde, en haut du donjon du palais des Papes, les soldats en faction s'ennuyaient ferme. L'un deux, plus futé que les autres (il s'appelait Léon), prit dans la réserve de munitions des bombardes les plus petits boulets en fonte qu'il trouva bien ronds. Il en prit un dans chaque main et s'amusa à s'approcher d'un objet, n'importe lequel. Ils jouaient même de l'argent. Quelques jours plus tard, Marc jouait avec eux. Léon et René avaient déjà aussi inventé le « but ». Il avait appelé ce jeu le « Roulez boulet ». Ce n'est que vers la fin du XIXe siècle, qu'un certain Jules Noir (de La Ciotat) créa des règles et le mot « pétanque », venu du provençal *péd tanco* (pieds joints). Depuis, parti

---

* Yvan Audouard, *Le Noble Jeu provençal,* Editions Autres Temps, 1997.

d'Avignon, il est devenu le premier jeu typiquement français à s'expatrier. La pétanque se joue dans le monde entier. En Amérique il y a 3 500 licenciés, 2 500 au Japon, 400 en Australie, et même 80 au Cambodge, pourtant dévasté par la guerre. A Sault, ils sont plus de 120 à se regrouper.

Ah ! mais oui, revenons à Sault, au concours de Gigondas, et aux boules que l'on prête à Louis.

Tout cela est dit, tout cela est fait. Sault entre en effervescence. Partout il se murmure : « Ça y est, nous allons exporter notre Louis. »

Il y a pourtant un léger problème : Noël approche et la municipalité ne trouve pas de bonnes âmes pour escorter l'équipe. Il a fallu déployer toutes les ressources d'une éloquence sans faille pour que l'adjoint aux sports les accompagne. « La Boule atomique » a délégué son président.

Il est vrai que pour organiser toutes les festivités qui gravitent autour de Noël, cela prend beaucoup de temps, surtout pour ceux qui n'ont rien à faire...

Louis, lui, n'a pas de soucis. Son travail est au plus calme de l'année, et pour lui Noël n'est qu'un nom, une fête qu'il passe tristement, depuis toujours, dans sa petite cabane, pas très loin de sa scierie. Il fabrique des fagots, ce sont des petites branches de bois sec, mises en tas, ficelées, qu'il vend aux boulangers de la région, à ceux qui chauffent encore leur four au bois. Ils sont rares. Il reste quoi ? Quatre, peut-être six boulangers à pétrir et chauffer à l'ancienne. Fagotier est devenu un métier rare et qui ne paye plus son homme.

Le jour du départ arrive. La population est là, encourageant nos héros. Les yeux de Louis étincellent. Il regarde le clocher du village, monsieur le maire, et, d'un coup d'œil rapide, tous les villageois réunis.

Là, j'ai senti que Louis venait de sceller discrètement un pacte avec lui-même, se jurant de ramener la coupe depuis Gigondas. J'étais seulement témoin de cette histoire, j'insiste sur ce fait, témoin oculaire et invisible.

La foule devient tout à coup muette, respectueuse. La voiture va démarrer dans un silence qui permet d'entendre grincer la girouette rouillée, tout en haut du clocher. Le soleil d'hiver, menu et pâle comme un sacristain, assiste impavide à ce départ homérique.

Ils arrivent à Gigondas, deux heures avant l'heure des inscriptions qui se font à la Cave coopérative, route de Vaison. Il y a déjà beaucoup de monde et les voitures encombrent tout le centre du village, toutes les rues avoisinantes. Il faut se garer au moins à deux kilomètres de Gigondas. A midi, les routes seront bordées de véhicules, jusqu'à cinq kilomètres. Une folie, un immense succès populaire : les concurrents et les spectateurs affluent de tous les coins d'Europe !

Il y a plus de 200 triplettes engagées, encore plus que les années précédentes. C'est vraiment l'événement boulistique de la fin d'année. Il se murmure qu'il y a même l'équipe championne du monde. Ce qui est sûr, c'est qu'il y a les deux finalistes de *La Marseillaise*.

Notre triplette de Sault est inscrite sous le nom de « Louis de Sault ». Sa présentation laisse à désirer, la tenue vestimentaire de nos trois hommes est banale, elle fait amateur. Ils n'ont pas, comme certaines équipes, le Lacoste bleu, la casquette blanche et le pantalon blanc... Certains ont leur nom inscrit en grosses lettres dans le dos. C'est la classe ! et ils impressionnent les autres équipes.

Nos amis savent déjà où va se jouer leur premier match et contre qui ils vont jouer. Au tirage de chaque jeu, le lieu du terrain est désigné par le sort afin de ne pas favoriser une équipe plutôt que l'autre. Car connaître le terrain, l'avoir pratiqué, est un avantage indiscutable. La finale se fera sur l'esplanade de la Cave, autour de laquelle des gradins sont disposés. Ce sont les gradins de corrida des fêtes votives. *Le Provençal* titrera : « La finale de la mise à mort ! ».

La plupart des terrains de jeux se trouvent à plus de cinq kilomètres de la Cave. De grands panneaux indiquent ces emplacements, par exemple : la place Portail, château Saint-Combe, Les Blanches Grammes. Directement même dans les domaines des producteurs de Gigondas ; leur cour est grande... telles celles de la Paillouse, du Colombier, dans le domaine de Chaule ou au clos Joncuas... Tous ces noms chantent la délicate liqueur rouge ou blanche d'un des plus célèbres crus de Provence.

En attendant l'heure du tirage au sort, avant le début du concours, et même entre les parties, des équipes proposent : « Qui veut faire les mises ? » Il y a toutes sortes de tentations. Jouer les mises est la plus minime. Il y a ceux qui proposent les deux nuits et les quatre repas. D'autres : « Qui veut jouer 2 000 F ? » Il y a même des joueurs acharnés, des gitans redoutables, qui proposent 10 000 F la partie... et ils trouvent des clients ! On raconte l'histoire d'un flambeur de Violès qui a joué et perdu sa villa. De tels parieurs gravitent autour des concours. Ils ne participent pas à la compétition, ils sont là uniquement pour « jouer gros ». Virus du jeu, virus de la pétanque. Il se trouve même, et souvent, plus de spectateurs à ces folles parties qu'à celles du concours.

Sage et disciplinée, l'équipe de Louis s'entraîne seule, tranquille, dans un coin. Puis... provoqués par l'équipe de Jonquières, ils jouent l'apéritif, et ils gagnent. Ils jouent les repas, et ils gagnent. Ils jouent les chambres, et ils perdent !

L'heure du début du concours, vu le nombre important

des équipes, est encore reculée d'une heure. Lizou, ne voulant pas rester sur une défaite, propose à Pierrot de faire les mises.

« Tu es fou, les mises c'est 400 F par personne, 1 200 F à partager en deux, puisque Louis est notre invité. »

Sagement, ils décident de ne pas s'exposer plus avant et, tranquillement à la « souste » (ombre) d'un platane, ils s'entraînent entre eux.

Ceci n'a d'ailleurs pas été inutile, puisque nous retrouvons notre équipe en finale. Hé oui, les amis ! Cette équipe de quatre sous a fait mordre la poussière à plus de quatorze équipes, certaines redoutables et redoutées. Louis fut le grand coordonnateur des festivités et de la victoire, il fit merveille au tir et fut intraitable aux points. La chance leur fut souvent favorable, mais la chance ne fait-elle pas partie intégrante de tous les jeux ? Parfois aussi, c'est avec une maestria de grands champions qu'ils gagnèrent des parties, en particulier contre le « grand tondu » de Martigues dont l'équipe avait, l'année précédente, enlevé le championnat de France.

Louis, malgré sa mise négligée, venait de se forger une réputation de prodige. Lorsqu'il croisait un groupe ou un quidam, il les entendaient chuchoter ; certains même le saluaient bien bas, en inclinant la tête avec le respect que l'on doit à un personnage supérieur. Pierrot, admiratif, disait de lui :

« Il ressemble à Gino, notre député. Ce grand couillon est en train de mettre tout le monde dans sa poche… Regarde-le, il ne s'en rend même pas compte. Notre Louis est un drôle de type ! »

Lizou le regardait, lui aussi, avec admiration.

L'équipe de Sault gagnait. Ce n'aurait pas été le cas, je

ne vous en aurais pas parlé, vous pensez bien ! Il faut se rendre à l'évidence, notre triplette se retrouvait en finale. Mais pas contre n'importe qui ! C'étaient des géants. Ni plus ni moins que les derniers vainqueurs du *Provençal*, c'est vous dire !

Ils sont invincibles, redoutables, roublards de profession, dans une légalité toute méridionale. Ils ont des astuces à faire glacer un verre d'eau en plein midi, au mois d'août. Leur présence sur le ring impressionne. Pensez donc, ils sont vêtus tout de blanc de la tête aux pieds, même leurs chaussures légères en veau blanc sont changées, nettoyées par une équipe de deux soigneurs, habillés, eux, de bleu, portant, inscrit sur le dos, le nom des trois champions. Leur palmarès, imprimé en plus petit – est destiné à impressionner – tient toute la largeur du dos, sur deux rangées.

Terrifiant pour le moral des adversaires... Leurs soigneurs sont là pour leur éponger le front, les désaltérer. Louis, qui pourtant ne dit jamais rien de méchant, a lancé à l'intention de ses deux camarades : « Je suis sûr qu'ils doivent même les moucher ! »

Sault est menée 8 à 0. Je ne donne pas cher de notre équipe qui perd ses moyens, qui ne sait plus jouer.

Enfin, elle se retrouve 8 à 1 ! Elle réussit à marquer un point salvateur qui redonne confiance et vient libérer notre équipe, qui se ressaisit. Ces Marseillais ne sont pas invincibles, pensent nos amis. Et voilà qu'ils se retrouvent même menant 9 à 8. C'est au tour des Marseillais de douter. Ils font grise mine ; leurs soigneurs s'affairent autour d'eux, comme les abeilles autour de leur reine ; ils virevoltent, brassent l'air, mais ne font plus du tout peur à nos Vauclusiens.

Tout les cœurs flanchent ! Rendez-vous compte, à la

mène précédente, Sault gagnait 12 à 10. Lizou avait la boule que rien ne pouvait arrêter pour faire le 13e point. Quelle déconfiture pour les Marseillais ! Lizou, lance sa boule, celle-ci décrit un audacieux arc de cercle pour tomber juste où il le voulait. Déjà la foule murmure : « C'est gagné. »

La boule s'approche du but. Une brindille misérable la fait dévier et elle file vers le bouchon, lequel, lui-même touché, glisse de trois tours jusque dans les boules marseillaises. Après « mesuration », Marseille marque 2 points. La foule, dépitée, n'applaudit même pas, alors que les soigneurs la haranguent pour traumatiser l'adversaire. Les spectateurs restent muets. Nous voilà donc 12 à 12.

Obligatoirement, voici la dernière mène, l'une ou l'autre équipe va gagner. L'instant est palpitant. La foule des spectateurs grandit, grossit, s'enflamme, se passionne. C'est aux Marseillais d'envoyer le « lait » (bouchon). Le pointeur fait faire le « rond » dans la terre, la poussière et le gravillon par son esclave… qui ne ferme pas totalement la boucle. Comme tout au long de la partie les Marseillais ont cherché noise à notre équipe, Lizou, le forgeron costaud, dur et froid comme son enclume, leur dit, juste au moment où le pointeur, appliqué et concentré, balance son bras pour lancer la boule :

« Attention, ami ! ton rond est pas correct ! » Un silence encore plus froid que tous les glaçons servis pour les pastis de tout un mois à Marseille, tombe sur les épaules de l'équipe adverse. Le bras du pointeur est resté en l'air, dans un geste inachevé, comme celui d'une une statue antique figée dans le marbre. La tension est extrême, car il ne faut pas troubler l'adversaire, c'est une lourde erreur qui peut faire disqualifier l'équipe.

Lizou a fait une faute en stoppant l'élan adverse, sauf si l'arbitre reconnaît le bien-fondé de la réclamation.

Dans les gradins, le silence est total. Louis est pâle et inquiet.

L'arbitre est un gros homme, petit et rond, tellement rond qu'il ressemble à un demi-muid sur pattes. Il avance ou, plutôt, roule jusqu'à nous. Sur son tee-shirt lie de vin sont inscrits les mots : « Vins de Gigondas », et dessous en plus petit : « Arbitre officiel du concours de pétanque ». Le « tonneau » arbitre est là, penché sur l'objet du litige. Deux secondes à peine s'écoulent. Il annonce : « Le rond n'est pas fermé, il faut le refaire. »

Cette fois, sans attendre le soigneur, le pointeur marseillais, après avoir exhalé un long soupir de décontraction, refait le rond et demande à Lizou : « Ça te va ? ». Il lui répond : « C'est pas à moi à t'apprendre les règles. Tu devrais, depuis le temps, avoir ton permis. Tu as eu ton code dans une pochette surprise ? »

Le pointeur marseillais, un certain Ritou, fusille d'un regard assassin le forgeron perturbateur, et lui répond :

« "Puting", tu m'as coupé le bras ! »

Et il fait trois fois le tour du rond pour se décontracter et reprendre ses esprits. (Ne riez pas, la pétanque, tout comme le saut à la perche, est une discipline qui demande une énorme concentration et un esprit supérieur. Il faut aussi avoir de l'envolée dans son jeu et dans ses réparties pour la galerie).

Ritou, puisque c'est son nom, revient dans le rond du scandale ! Pieds bien joints, les yeux fermés, il respire deux ou trois fois, puis envoie sa boule. Après un trajet triangulaire dans les airs, elle tombe à la verticale, nette, précise, sèche, à vingt centimètres du bouchon. Elle se « tanque » sans bouger, semblant avoir creusé là son tombeau (ou celui des adversaires). L'assistance (plus de mille personnes) applaudit. Le coup est parfait. Louis dit même : « Respectable ». La partie se poursuit, longue, méticuleuse, appliquée.

La mène se termine. Il reste une boule à Lizou, une boule à Louis. Une boule à l'adversaire, mais le point est aux Marseillais. Un point d'anthologie, puisqu'il est à dix centimètres du bouchon. Le terrain ? un terrain de pétanque idéal : bosses, gravillons, brindilles de platanes.

Lizou va pointer. Il n'est pas d'accord, il aurait fallu tirer, dit-il. Mais c'est Louis, le capitaine, qui commande le jeu. Lizou, attentif, regarde le terrain. Louis lui dit posément une phrase bénigne mais d'une importance capitale :

« Fais gaffe Lizou, il y a plein de grattons (gravier). C'est pas une boule à plomber (envoyer en l'air pour qu'elle retombe à la verticale), il faut la faire rascler (rouler), car tu peux t'appuyer sur leur boule, et c'est même le jeu de faire ça. Sois pas court !

– Oué ! Facile à dire ! »

Comme il a confiance en Louis, et que lui-même se sent bien, il va faire comme le demande le « chef ».

Lizou est concentré. Il balance bien le bras, doucement, calmement… se ravise ; il va à quatre mètres de là écraser un gratton avec sa boule. Il égalise bien cet emplacement – un carré de dix centimètres sur dix –, car il va lancer sa boule à cet endroit précis et il ne faut pas qu'un obstacle la fasse dévier. Il en a le droit. La boule quitte la main de Lizou, elle va frapper le sol à l'endroit prévu ; ainsi, sans être inquiétée, la boule roule pour aller tanquer, à dix mètres de là, la boule du Marseillais.

« Guirlége ! fan des pieds ! Tu l'as bien jouée, crie Pierrot en applaudissant, suivi de toute la foule. Pour un beau coup, c'est un beau coup ! »

La boule est devant celle de l'adversaire. Les Marseillais, ne serait-ce que pour déconcentrer Sault, disent : « Le point reste à nous !

– Ah, non ! répond Pierrot, là petit, tu galèges, tu nous prends pour des *nistons**. »

La « futaille » revient, mesure, remesure et précise que le point est pour Sault. L'arbitre a décidé, il n'y a plus rien à dire.

Les Marseillais se concertent. Que faire ?

« La boule de Sault est devant, collée à la nôtre. Si je tire, j'enlève la mienne et nous ne tenons pas en second. Je vais pointer et faire comme ce grand couillon vient de nous faire ! » dit le Marseillais, dépité par ce point un peu chanceux.

Il pointe. Par un miracle qui n'arrive qu'aux boules… et aux cocus, un gravier (gros comme la porte d'Aix à Marseille), stoppe la boule lancée trop fort ; déviée aussi par ce gravier miraculeux, la boule va bousculer le « petit », qui roule de quelques centimètres pour aller donner le point à 4 ou 5 cm du but. Incontestable cette fois, le point est aux Marseillais !

« Tiens voilà le treizième ! clame un soigneur, toujours pour "flanquer" la panique.

– Qué couillonnade ! s'écrie Lizou, on n'a pas de pot ! »

L'autre soigneur marseillais claironne, en regardant la foule : « Té, voilà la quine ! »

A cet instant, je n'en mène pas large. Je vois, dur comme fer, la partie perdue pour nos amis de Sault. Quelle et la situation ?

---

* Petits enfants.

Face aux joueurs, la boule de Sault est la première appuyée un peu en travers sur celle de Marseille. Le bouchon est à cinq centimètres de cette dernière. Si Louis tire, les boules devraient s'écarter, entraîner le bouchon Dieu sait où ! Même si le bouchon ne part pas, rien ne dit que, même en bien frappant, la boule marseillaise partira. Le dilemme est grand, pratiquement insoluble ; car gagner ce point, c'est comme aller « faire pipi au travers du chas d'une aiguille ». La seule solution reste de tirer la boule marseillaise toute seule, visible que d'un quart, et pour qu'elle parte bien droit, faire un carreau. Tirer ainsi à presque onze mètres, ce serait un exploit aussi grand que « descendre un Boeing avec une fronde » ! Bien sûr, je n'ai rien à dire, rien à faire sinon à pleurer de dépit !

Louis est seul, au milieu de son rond. Seul, écrasé par mille paires d'yeux. Il a des frissons glacés. D'ailleurs, il règne dans l'assistance un silence de morgue. Même l'air s'arrête de passer. Les hirondelles se sont posées sur les fils téléphoniques. Sur la route, à cent mètres de là, les gendarmes ont stoppé la circulation. Les catarrheux s'arrêtent de tousser. Les asthmatiques ne soufflent plus, jusqu'à s'en étouffer. La vie est arrêtée. Tous les visages sont tendus vers Louis. De sa main gauche (la gauche ? ben oui, il est gaucher, couillon ! s'il était droitier, il ne jouerait pas de la main gauche ! surtout à cet instant !), de la main gauche, donc, il fait sauter sa boule comme pour la soupeser. Il se détend, il réfléchit.

« Aaou ! l'ami, tu dors ? » crie un Marseillais.

– J'ai encore trente secondes » répond calmement Louis (le temps d'arrêt est minuté).

Il se met en position. Que va-t-il faire ? Il incline tout juste les genoux, il balance tout doucement son bras gauche, se fixe.

« Il va tirer, annonce un spectateur, il est fada !

– Chut, chut ! » crie plus fort un voisin, faisant encore plus de bruit.

Mais Louis, très concentré, n'entend rien. Le TGV passerait devant lui, il ne le verrait même pas ! Oui, il tire ! La boule part, droite, rectiligne. L'inox brille dans les rayons du soleil couchant, boule de feu, tel un météore, je ferme les yeux. Plank ! Ce bruit m'émerveille, c'est le bruit d'un carreau ! Je regarde vers le bouchon. Le nombre de boules est identique mais il y a, à la place de la boule marseillaise qui tenait le point, la boule de Louis restée sur place, ayant fait voler dans la poussière la boule adverse, à demi cachée ! Un tir qui restera dans nos mémoires du florilège de Gigondas.

Après ce coup du siècle, le public médusé reste sans réaction. Le silence est impressionnant. Un, puis deux applaudissements rompent le calme… avant que croule sur les joueurs statufiés une « déferlante » fabuleuse, venue de trois mille mains qui s'écrasent les unes contre les autres dans un rythme endiablé. Le bruit est phénoménal, les félicitations crépitent, nos trois hommes de Sault sont des héros, des dieux, des mythes !

« Bravo, Louis ! clame enfin Lizou, libéré du poids de ce treizième point. Bravo ! les Marseillais ont vu que des bélugues (étincelles). »

Je vous tairai les péripéties des hommages qui suivirent. Quatre heures après la victoire, la cérémonie de la remise des coupes et des prix en vins fins n'avait pas encore eu lieu !

C'est à minuit bien sonné que nous quittons Gigondas, sobres mais ivres d'émotions, assommés de bruit. L'équipe se retrouve dans la même voiture qu'à l'aller. Les coupes et les trois cents bouteilles de vins vieux (certains avaient plus de quinze ans d'âge !) suivent dans d'autres véhicules, car Sault, déjà pour les quarts de finale, avait délégué des supporters. Sous le choc, ne réalisant pas encore la performance, nous rentrons presque en silence. Nous arrivons vers une heure du matin.

Les habitants de Sault, avertis de « notre » triomphe, sont pratiquement tous là à nous attendre. Tous ceux qui ont pu se déplacer, sont sur la place. Un délire ! A notre approche, les briquets s'allument, comme autant de vers luisants dans la campagne au mois d'août. Les pétards jaillissent, les torches en résine crépitent, illuminant d'une clarté blafarde les visages souriants éclatant de joie. Monsieur le maire est présent avec toute sa municipalité. Les autres associations locales se sont jointes à « La Boule atomique » pour glorifier ce moment. Sault est en train de vivre son 14 juillet, sa Libération de 1944, son triomphe bouliste, sa consécration, son immortalité !

César ou Napoléon entrant dans Sault en ce moment seraient passés inaperçus. C'est le triomphe pour notre triplette ! Louis, porté par des épaules admiratives, fait une entrée de tribun. Encadré de ses coéquipiers, il porte la coupe jusqu'au siège de « La Boule », un peu comme l'on porte une relique, avec calme, recueillement, grâce, fierté et dignité.

Durant deux jours, jusqu'au 24 décembre à midi, Sault est en fête. Louis, quant à lui, est retourné à la scierie.

Pour les habitants, il est temps aussi de penser aux festivités de Noël. La municipalité et « La Boule atomique » se sont réunies pendant deux jours pour savoir comment récompenser Louis. Il méritait un « gros » cadeau ! Que lui offrir ? Le maire, le président des boules, Lizou et Pierrot arrivent à un accord.

Le 24 décembre à midi, sachant que le Louis était à son travail, nous nous rendons chez lui. Arrivés devant la cabane vétuste, nous sommes agréablement surpris par la verdure et les fleurs, puis par les volets peints et décorés. Personne – ou presque – n'était jamais monté jusque-là. La cabane, au cœur de ce jardin fleuri et de ses arbres, ressemblait à un château. « C'est Versailles ! » dira même Pierrot, alors qu'il ne connaît pas Versailles !

« D'autant plus que la vue d'ici est encore plus belle que celle de l'esplanade, dit le maire. D'ici, la vue va jusqu'à la mer ! »

Nous pénétrons chez Louis. Facile ! nous n'avons eu qu'à pousser la porte, il ne la ferme jamais. « Il n'y a, dit-il, rien à voler et si d'aventure passe un visiteur ou un promeneur, s'il a soif ou s'il est fatigué, pourquoi lui refuser l'entrée ? » C'est tout Louis !

Nous cherchons, nous cherchons…

« Il faut le suspendre dans la cheminée !

– T'es fou, il allume sa cheminée le matin à 6 heures et le soir vers 7 heures.

– Ça ne risque rien, précise le président, nous l'accrocherons par le toit et nous le laisserons pendre dans le conduit, assez haut pour éviter les flammes. »

Il fallait dénicher un endroit pour suspendre « le » paquet. Un fil de fer tiendrait l'objet à l'intérieur de la cheminée et l'autre bout serait attaché à un arbre dehors. L'idée semblait lumineuse. Pierrot, toujours très drôle, dirait : « fumante » !

Le lendemain, 25 décembre, dès 5 h 30, Pierrot tout seul se cache à côté de la cabane de Louis pour jouer au père Noël.

Six heures. Louis se lève. « Il est précis, le bougre » pense Pierrot, l'oreille posée contre le bois de la porte disjointe. Il écoute les bruits venus de l'intérieur de la cabane. Son ami Louis est devant la cheminée ; il l'entend remuer les bûches froides de la nuit pour faire un nouveau feu. Pierrot, alors, va sans hâte couper le fil de fer qui retient le paquet accroché hier. Il perçoit un grand bruit, un juron, et la voix coléreuse de Louis :

« *Dé queil aquo ?* (qu'est-ce que c'est ?) »

Dans un nuage de suie, un paquet tombe dans la cheminée.

« Bé ça alors ! s'étonne Louis dans un rire joyeux… c'est le père Noël ? » Puis voyant le fil de fer, il maugrée, car il pense à une blague. Comme le paquet est lourd et bien fait, il l'ouvre, il voit le carton et son inscription. Ses yeux s'emplissent de larmes, qu'il écrase vite. Il parpélége (cligne des yeux) un peu, pour s'éclaircir la vue.

« Ah ça alors, me faire ça pour Noël, qué surprise ! Et par la cheminée encore ! »

Louis n'en revient pas. Il est ébloui !

Il prend le carton, l'ouvre, voit, comme il s'en doutait, trois boules de pétanque. Mais encore plus belles que celles qu'il aurait souhaité avoir. Trois boules brillantes, dans un étui à lanière. Trois boules en inox, avec leur cochonnet en buis. Trois boules qu'il prend en main. Et il lit, gravé dans l'inox sur deux d'entre elles, ses initiales, et sur l'autre l'inscription : « A notre Louis, le vainqueur de la coupe Gigondas ».

– *Quaquo es beou !* (Que c'est beau !)

Le cœur de Louis bat à mille à l'heure. Il tourne et retourne ses boules. Dans la lanière, il aperçoit une enveloppe. Il l'ouvre. Il y découvre alors un chèque de 5 000 F (sa part de la vente du vin gagné au concours). Louis est stupéfait ! Quel pactole pour lui ! Un Noël de rêve! Mais ce qui l'étonne le plus et qui le comble de joie, c'est qu'il trouve dans la lettre une invitation du maire pour le repas de midi de ce 25 décembre. Un repas de Noël en famille ! Louis n'en a jamais eu de tel : c'est le comble du bonheur, une marque d'estime qui lui enchante le cœur… Il ne sait ce qui le comble le plus : les boules, le chèque ou l'invitation… trop, c'est trop !

Louis s'assied et n'en pouvant plus, il pleure de joie.

Le santon

« Oh, Pascaline, allez lève-toi vite ma belle ! Que déjà l'heure est tardive ! » dit Mireille à sa jeune sœur.

Il est six heures. La campagne silencieuse se réveille doucement. Le soleil se découvre lentement de son vaste drap nuageux.

Il fait frais, une brume légère ourle la plaine. C'est vrai que Noël approche. Nous sommes en Provence, dans le Vaucluse, derrière la haute ville de Vaison-la-Romaine, à flanc de colline du côté du mont Ventoux, qui semble pousser droit et large au fond du chemin. Le site est sauvage mais grandiose. Au nord-ouest d'Aix-en-Provence, au fin fond du quartier Saint-Mitre, là où les oliviers et les pins descendant en espaliers forment un décor de catéchisme (comme sur le livre du « cathé » qui montre les photos du mont des Oliviers). En prêtant l'oreille, lorsque le mistral ne froisse pas l'air, il est possible d'entendre vivre la ville.

Aix-en-Provence est une des plus belles villes de France. Le cliquetis des retombées d'eau que crachent les innombrables fontaines qui dégoulinent, harmonieuses, sous les platanes ancestraux, aident par leurs murmures cristallins à donner encore plus de pureté et de fraîcheur bienveillante aux rues noyées d'ombre. Tout comme La Canebière, le cours Mirabeau est une des sept merveilles de la France. Il faudrait tout un livre pour décrire les mérites et la beauté d'Aix.

Devant la maison de Pascaline, l'air embaume la lavande, le thym, les genêts. Le mistral dompté, trouve ici un instant de rémission. Il joue doucement avec les pins et les cyprès qui plient comme pour vous saluer. Le mouvement est si doux que leurs cimes vertes ondulent avec une lente régularité comme la houle de la Méditerranée : vaguelettes, faites ici de feuilles et de bois.

Au centre d'une petite clairière, dans une maisonnette aux abords avenants, vit un vieil homme. Il n'est pas si vieux que cela, mais ses cheveux blancs, ses yeux éteints, sa peau ratatinée, usée et desséchée par les durs labeurs en plein air et en plein soleil, lui donnent un aspect de vieillard ; d'un vieux encore robuste, vert pourtant. Ses yeux, lorsqu'il s'adresse à ses filles, s'illuminent d'une clarté rayonnante, d'un bonheur immense.

Tournant tout autour de l'homme, tel un feu follet autour d'un menhir solide, sculpté au burin, Mireille, la grande fille (elle a quatorze ans) vive et alerte, vaque aux travaux de la maison, et veille sur Pascaline.

Dix ans déjà que leur maman est morte en mettant au monde Pascaline. Aussi, Mireille, dès l'âge de six ans, alors que les autres petites filles jouent avec des poupées, jouait un vrai rôle de mère avec un vrai bébé. Les Guirland ne sont pas riches, la cabane est simple, mais accueillante et propre. Mireille s'occupe plus de son père et de sa sœur que d'elle-même. Elle néglige de s'acheter du neuf, disant toujours : « Le vieux peut faire encore usage ! »

Pascaline est maintenant habillée. Elle déjeune, sans un mot. Elle mange avec l'appétit de ses dix ans, mais sans envie, car depuis trois jours le chaudron rempli de pois chiches compose à lui seul tous les repas. Personne pourtant ne fait de reproches. Mais la fillette est soucieuse, d'autant qu'elle a demandé un grand effort financier à son papa.

« Dis, Pa, l'école fait un concours de crèches cette année, j'ai pas de santons, tu m'en achètes, dis ? »

Le père, touché par cette insouciance, se trouve désarmé ; sa peine n'en est que plus grande. Aussi, pour que ses filles ne lisent pas dans sa voix son désarroi, il se contente de hausser les épaules et de balancer la tête en signe de renoncement.

Pascaline, mélancolique, prend un vieux sac faisant office de cartable et part pour l'école. Sa longue silhouette maigre disparaît peu à peu, comme engloutie par la brume.

Elle a presque une heure de marche pour se rendre en classe au quartier Mazarin. Il lui faut traverser la ville. Mais c'est si agréable de traverser Aix au petit matin ! Elle est heureuse, elle connaît beaucoup de monde ; les commerçants la saluent sur son passage.

A la récréation, la classe joyeuse s'excite. Par petits groupes, les filles se réunissent et les discussions vont bon train à propos du concours de crèches organisé par l'école.

« Il ne faut surtout pas la faire comme celle bien trop magnifique de la cathédrale Saint-Sauveur.

– A ce sujet, ne manquez pas, de passage à Aix, d'aller voir le splendide triptyque du *Buisson ardent*…, dit une fille.

– Celle de la cathédrale est bien trop belle ; faisons nos crèches à notre goût, simples, mais avec plus de détails locaux. Qu'en pensez-vous ?

– Il faudrait acheter des santons comme le boucher, le poissonnier, la vendeuse de brousse..

– Oui, mais ça va faire chérot, dit Amandine.

– Moi, j'ai cassé l'âne l'année dernière, et toi Jacqueline ?

– Il m'en faut un brave paquet ! Chaque année, j'en

casse quatre ou cinq, dit-elle en riant. Il me faut : l'enfanton, le pêcheur, le tambourinaïre, peut-être le boumian.

– Et toi Alphonsine, y t'en faut ?

– Pardine que oui ! L'année dernière, je l'ai pas faite la crèche, et cette année j'ai pas trop envie. »

Elle voudrait faire la « grande », l'indépendante, la distante, mais elle a le cœur lourd et ses yeux tristes se troublent de larmes. Elle se détourne et va bouder dans un coin de la cour.

Juliette son amie, la voyant seule, assise dans son coin, lui dit :

– Qué Pascaline, tu rêves ou tu dors ? Té, à quatre heures, en sortant, tu viens avé nous ! On va chez Vignal acheter nos santons manquants. On y va toutes, sauf les chipies, qu'on veut pas.

– Eh ! je ne sais pas encore si je m'en fais une, de crèche, répond Pascaline, crispant ses poings de rage.

– Eh bé, c'est bien dommage ! »

Il faut le dire, c'est en Provence que la crèche et les santons font l'objet de la plus grande ferveur, et peut-être à Aix-en-Provence qu'ils trouvent leur source.

C'est au retour des Abruzzes, vers 1400, qu'un prêtre passant par Marseille, apporta à Aix les premières figurines en argile, pour le seigneur des lieux. Bref, toujours est-il, qu'agités par la même frénésie, accaparés par la même pensée, nos Aixois n'aspirent plus qu'à une chose : confectionner la plus belle crèche, encore plus belle que l'année précédente. Ne pas faire la crèche revient à être un paria, un athée, un moins que rien. Pour la crèche, Jésus sur la paille, le boeuf, l'âne, la Vierge et Joseph suffisent simplement à fêter la Nativité, et se sentir doux, juste et bon.

Les douze coups de midi viennent de sonner, et

Pascaline n'est pas encore en vue de la maison. Elle vient juste de passer les thermes de Sextius. C'est vrai, que tout au long du trajet, elle « flêmassait », perdue dans ses pensées, cherchant comment gagner de l'argent afin d'assouvir son unique plaisir du moment : la crèche. Ainsi pensait-elle, je ne serai pas ridicule aux yeux de mes petites camarades. Je leur montrerai que, même pauvre, je peux avoir mes santons à chérir et à caresser.

« Alors Pascaline, dépêche-toi ! que tu nous mettais en souci », lui crie Mireille. Pa est déjà à table.

Le maigre repas finissait. Le père avant de se lever et de fermer son couteau, tout chromé et jaune comme un morceau d'or, dit à Mireille :

« Tu crois pas, fifille, qu'on pourrait se manger une belle volaille pour Noël ?

– Une volaille ? crie Mireille stupéfaite ! mais ça vaut une fortune !

– Oué ! mais y a un brave moment qu'on en a point mangé. Si je pars cinq jours là-haut dans la montagne et que je travaille sans arrêt, je peux arriver à me gagner un jour. Samedi je vais chez les Dargot casser du bois, y me donneront un poulet ou deux, peut-être même une dinde.

– Mais papa, tu vas trop te fatiguer, s'inquiète Mireille.

– Qui sait ? J'ai peut-être plus guère à vivre, alors… Et puis je veux goûter encore de cette bestiole et surtout partir en disant : “Té Gus, tu as offert du poulet à tes filles !”. Ça me ferait rudement plaisir et je mourrais content !

– Dis pas ça, que tu es encore bien portant, ça porte malheur ! »

Pascaline écoute d'une oreille distraite, ne pensant qu'à sa crèche. Elle se moque, elle, du poulet ou de la dinde. N'y tenant plus, elle dit :

« Si je travaille moi aussi chez les Dargot, dis Pa, je me gagnerais pas quelques sous pour acheter mes santons ? »

Personne ne répond. Gustave et sa grande fille regardent tendrement Pascaline, n'osant pas, une nouvelle fois lui dire non.

Il faut dire que Pascaline, c'est toute leur raison de vivre, c'est leur rayon de soleil, c'est le souvenir de maman. Aussi le père répond :

« Bon, c'est entendu ! c'est moi qui irai travailler à ta place. Et au lieu de demander poulet ou dinde, je demanderai de l'argent pour t'acheter la plus belle des crèches. »

Pascaline se jette au cou de son père, le couvre de baisers auxquels se mêlent des larmes de joie. Le goût de l'embrassade en est tout salé, mais qu'importe, Pascaline est si heureuse !

Le vieux bûcheron s'éloigne. Mireille et Pascaline le regardent partir, un peu voûté, un peu boitillant. Alors, doucement, Mireille dit à Pascaline :

« C'est pas bien ce que tu as fait là. Tu obliges papa à travailler dur pour un caprice : la crèche, c'est bon pour les riches ! Y valait mieux faire plaisir à p'pa, qui voulait "se" goûter un poulet, et à nous aussi, ça nous aurait fait du bien, mieux que "ta" crèche. Je suis pas bien contente de toi. C'est pas joli d'être égoïste ! »

Pascaline penaude, baisse la tête. Elle comprend son erreur, alors sans attendre elle court vite, vite, derrière son papa.

« Arrête, Pa, arrête-toi ! Ecoute, dit-elle, tout essoufflée, après l'avoir rejoint. Je viens de penser : la crèche, c'est bon pour les petits enfants... moi, je suis grande et puis, précise-t-elle, les larmes plein les yeux, à quoi ça me servira après, j'aimerais bien mieux manger un poulet ou deux.

– Brave fille ! » dit-il, et il tapote la joue mouillée de Pascaline.

Cet après-midi là, en classe, Pascaline n'est pas très attentive. Pourtant elle s'est résignée : elle n'aura pas de crèche, c'est dit. Mais son petit cœur, lui, est plus long à s'apaiser.

C'est pourquoi, à la sortie de l'école, comme prévu, sans arrière-pensée, pour le plaisir, elle va avec ses camarades chez Mme Vignal, au bazar de la rue Foch, au pied du vieil Aix, toucher, admirer les statuettes d'argile. Dans la vitrine, des lampes éclairent les santons comme le fait la nuit qui veille sur les moutons et les bergers, là-haut dans la montagne. Les santons, sans distinction de style ou de sujet sont entassés pêle-mêle. « Oh, là, il y a des santons pour vingt, trente crèches ! pense Pascaline. Que c'est beau ! » et ses yeux émerveillés parcourent les rayons de la boutique !

Ici, le roi mage richement vêtu lui sourit. Le bœuf semble bouger la queue en signe d'amitié. La Sainte Vierge lui semble encore plus belle dans sa robe bleue. Le berger lui tend l'agneau, le dernier-né ; elle l'entend bêler… le pêcheur lui fait : « Chut, ça mord ! » Le meunier et son sac de farine, figés dans leur blancheur, écoutent Monsieur le maire faire un discours de 14 juillet. Elle voit tous les santons s'activer, lui parler…

Derrière un plat de lentilles germées et un gros plat de blé aux longues tiges vertes, droites comme des asperges, elle remarque, masqué, caché, le « rémouleur ». Que fait-il là tout seul ? En s'approchant, elle comprend alors pourquoi l'*amoulaïre* est ainsi à l'écart : sa meule est cassée, son chapeau ébréché.

Relégué dans l'oubli, le santon est, comme elle, mis au ban des parias. Pascaline le caresse, comme pour atténuer sa solitude. Elle veut lui faire comprendre qu'elle, pas plus que lui, n'aura le droit de participer à la fête divine qui se prépare. Leur commune infortune les unit.

Pascaline saisit alors le rémouleur, le serre fort dans sa petite main glacée... elle le serre fort et, d'un seul coup, sans savoir au juste pourquoi, elle l'enfouit dans sa poche, près de son cœur. Puis, l'enfant se met à sourire.

Madame Vignal a vu le manège. elle s'étonne de ce vol, car c'est un vol. Pascaline est une fille sage et correcte, bien élevée, aussi elle ne comprend pas ce vilain geste, elle va pour l'appeler... et, à cet instant se ravise, et se dit : « Ça n'a pas d'importance ! J'allais justement jeter ce santon invendable. Peut-être la fillette l'a compris. »

Le soir, au repas, Pascaline est joyeuse ; Gus et Mireille en sont heureux, car ils pensent : « Pascaline ne songe plus à sa crèche », et cela les contente. La voir « ravie », ça leur suffit. Tout est rentré dans l'ordre.

Avant de s'endormir, la fillette sort de sa cachette le rémouleur ; il ne faut pas qu'on le découvre ! Amoureusement, elle glisse le santon abîmé sous son oreiller et s'endort l'âme en paix, le cœur léger et content.

Au milieu de la nuit, dans un vaste nuage blanc, dans un silence exceptionnel, comme au jas là-haut, juste à côté de l'endroit où travaille son papa, elle voit avec étonnement le rémouleur s'arracher de son travail, le chapeau ébréché et la meule cassée, descendre de son siège vétuste, s'avancer, se pencher sur elle. Le vieil *amoulaïre* ne sourit plus, ses yeux sont même coléreux. Pascaline est surprise de son attitude hostile ; elle voudrait crier, mais l'homme d'une voix sèche lui dit :

« Aie pas peur, que je te veux pas de mal ! Je suis brave moi, c'est pas comme toi. Pourquoi tu m'as volé ? je t'avais rien fait. Maintenant té, je suis déshonoré, j'aurai honte de me mettre dans la crèche alors que j'y ai droit ; t'es une méchante fille qui n'a pas de cœur, tu es une voleuse !

– Que non ! crie Pascaline éperdue. Non, je voulais pas te voler.

– Bien sûr que si ! J'étais peut-être pas très ravi, seul dans mon coin, j'étais oublié mais fier.

– Justement, c'est pour ça ! pleure Pascaline, je te voyais triste, blessé, je voulais te soigner.

– Me soigner, comment ? T'es qu'un bébé, tu connais l'argile, toi ? Même les grandes personnes n'y arrivent pas ! J'étais comme j'étais, je pouvais encore un peu travailler et j'étais libre, je voyais le soleil, je me prenais plaisir au milieu d'autres santons. C'est fini tout ça, qué ? Maintenant tu vas me cacher, tu me feras plus voir le jour, tu auras peur de me montrer, car on découvrirait ton mauvais geste de voleuse ! Qu'est-ce que je vais devenir toujours dans le noir, caché, emmitouflé comme un bébé dans ses langes, pour que personne me voie…

– Non, non et non ! » hurle Pascaline, qui se réveille, trempée de sueur, malgré la fraîcheur de la nuit.

Encore tout étourdie, l'enfant cherche sous le coussin *l'amoulaïre*. Il est là… mais il est tout chaud et il lui brûle les doigts. Le santon a l'air triste, bien triste.

Le lendemain, la fillette en pleurs court jusqu'au bazar de Mme Vignal, qui la reçoit, raide, impassible, sentencieuse. Pascaline lui tend le santon, et lui dit d'une voix ferme, enrouée de sanglots :

« Je suis qu'une voleuse té ! Voilà le rémouleur. Le dites pas aux gendarmes, que ça en ferait une peine à la maison ! Soyez brave Madame. Je le ferai plus, je voulais pas vraiment le voler ! Mais j'ai vu le santon seul, abîmé, il était comme moi, triste et abandonné, et comme j'avais pas de santon, je l'ai pris. Je ne suis pas une voleuse. Oh, non ! mais j'aurais tellement voulu avoir au moins un santon. Excusez-moi, je suis trop malheureuse. »

Madame Vignal, confuse et émue, ne sait que répondre. Avant même qu'elle trouve une réponse apaisante, Pascaline en larmes fuit dans la rue. Elle court se réfugier dans la cour de son école, elle pleure mais elle est heureuse. Elle se sent délivrée d'un lourd fardeau. La conscience rassurée, l'âme en paix, elle travaillerait mieux aujourd'hui en classe. A la sortie de l'école, les fillettes dans un piaillement frénétique de moineaux effarouchés, s'éparpillent… Toutes rentrent vite chez elles mettre une dernière retouche à leur crèche, car le jury vient ce soir classer et primer les plus belles d'entre elles.

Seule, courbée par le désespoir, mais le cœur serein, Pascaline peste, sans trop de conviction… sur le sort qui fit d'elle une petite fille pauvre. Elle marche… marche, faisant des détours longs et pénibles pour retarder son retour à la maison, qui sera bien triste, abandonné de Dieu, puisqu'il n'y aura pas de petit Jésus dans l'étable.

Au bout du chemin, une sombre masure apparaît sous le mistral, et le souffle du vert semble la gronder de son « ouou ! » sinistre. Pascaline avance, mue par l'instinct, plus que par le désir de rentrer ; elle pousse la porte qui branle sous la bise.

Mireille, calme, souriante comme toujours, raccommode une nouvelle fois, au coin du feu qui pétille, les moufles du vieux père. Ses yeux sont encore plus lumineux que la flamme vacillante qui danse dans l'âtre rougeoyant, éclairant la pièce d'une clarté de soleil couchant.

Pascaline s'étonne de voir chez Mireille une joie inhabituelle lorsqu'elle est absorbée par son travail, comme c'est le cas. « Mais, pense-t-elle, peut-être que le petit lutin a averti ma grande sœur que j'ai été honnête. Alors, Mireille est contente. »

Tiens, papa est déjà là ? Et il fume sa pipe, comme dans les grandes occasions ! Pascaline un peu anxieuse ne comprend pas, elle s'avance sans hâte vers son père qui, sans un mot, d'un seul mouvement de tête, comme il le fait souvent, montre avec sa bouffarde, le chemin de la chambre. Pascaline, elle aussi sans dire un mot, obéit, angoissée.

Stupeur ! En pénétrant dans la pièce, elle aperçoit devant elle la masse imposante de madame Vignal. Le sang de Pascaline se glace, son cœur s'arrête ! « Elle est à bout de souffle. Elle est venue avec les gendarmes ! » pense la fillette terrifiée.

Lentement, en silence, le bras énorme rond et gras de la commerçante se lève tel un couperet. Son index se déplie et montre le côté droit de la chambre. Il fait noir, Pascaline ne distingue rien. Si ! une ombre, les gendarmes peut-être !

Pascaline ferme les yeux. Une lueur illumine la pièce ; elle est figée de terreur. Ouvrant les yeux, elle aperçoit un tas de guirlandes lumineuses multicolores qui s'enchevêtrent. Elle se tourne vers Mme Vignal qui sourit. Rassurée, elle regarde enfin les guirlandes, et pousse un cri. Puis, la fillette tombe à genoux, les mains jointes, fermant les yeux, croyant rêver ! Elle les rouvre enfin… pousse à nouveau un cri, mais celui-ci plaintif, délicat, exquis.

Elle découvre, avec un sentiment délicieux, une crèche immense, illuminée. En son centre, l'étoile brille de tous ses ors. Au-dessous, aux flancs d'une montagne en carton, un village provençal, éclairé de mille feux. Sur un lac en papier d'étain, un pêcheur s'active ; le moulin à vent, les ailes figées, voit le « ravi » s'esbaubir au fenestron. Monsieur le maire, sur une estrade, harangue la foule des commerçants, semblant leur dire : « Allez, vite ! filez vers l'étable apporter vos présents. » Là, plus lumineux que les autres, le rémouleur semble saluer Pascaline avec un sourire complice. Elle regarde mieux, elle dit : « Mais c'est lui, c'est mon *rémoulaïre* à moi, le cassé, le triste ! Le voilà qui semble heureux ! »

Et elle entend le *remoulaïre* lui dire : « Approche, mignonne. »

La fillette, le souffle court, prend son ami d'une main tremblante, elle le caresse de ses doigts glacés et, lui, tout chaud, lui réchauffe les mains.

Pascaline, ne sachant plus où regarder dans cette crèche immense, voit enfin le petit Jésus, étendu nu dans la paille. Elle souffle son haleine chaude pour réchauffer l'enfant, mais l'âne et le bœuf précisent : « T'inquiète pas petite, nous le chauffons bien, il n'a pas froid ! » Marie et Joseph lui disent dans un sourire : « Tu es bien brave, Pascaline ! » La pauvrette, n'y tenant plus, s'agenouille de nouveau, les mains jointes, elle dit une prière alors que le *tambourinaïre* frappe son tambourin et souffle dans son galoubet, jouant la farandole et entraînant dans sa ronde folle la fermière, la laitière, M. le curé, le berger, la femme au calen, l'homme au fagot, la tisseuse, le boulanger (qui en fait tomber ses petits pains).

Tout se presse dans l'esprit de Pascaline. Elle-même, assommée par cette vision surréaliste, étourdie, porte ses mains à sa tête et se retrouve blottie dans les bras de sa sœur Mireille, qui devant la joie évidente de sa petite sœur chérie, ne peut retenir ses larmes.

« Té ! Tu vois Pascaline, que la bonté, la loyauté sont toujours récompensés. Madame Vignal, devant ton joli geste, a voulu te faire un cadeau. »

Gustave prend alors sa petite fille dans ses bras, la soulève comme un fagot de sarments, l'embrasse et lui dit : « C'est un vrai beau Noël ! Maintenant que tu as assez "badé", va vite remercier Mme Vignal. »

Mais, déjà, la gentille commerçante est partie.

Pascaline, trop émue par tant de bonheur, va cacher sa grande joie toute seule avec son rémouleur, dans la cabane à bois, au fond du jardin. Elle reste là, longtemps, rêvant. Réveillée tout à coup par la voix de Mireille qui l'appelle.

« Pascaline, Pascaline, accours vite ici, qu'on t'attend. »

Arrivée dans la cuisine, elle trouve trois personnes inconnues, en habit du dimanche, et une dame avec un chapeau qu'elle ne reconnaît pas tout de suite : c'est sa maîtresse d'école ! Que font ici tous ces gens ? Ah ! voici son directeur d'école, avec un joli nœud papillon noir autour du cou. Les deux autres, elle ne les connaît pas. Elle saura par la suite que c'étaient deux conseillers municipaux adjoints à je ne sais quoi ! Qu'arrive-t-il ?

« Tiens, Pascaline, voilà pour toi, avec toutes nos félicitations ! » Sa maîtresse d'école l'embrasse et lui remet une gerbe de fleurs, presque aussi grande qu'elle, qui a d'ailleurs beaucoup de peine à la tenir.

« Félicitations » dit un adjoint et, lui faisant une grosse bise piquante, il lui remet au nom de la municipalité un beau diplôme. Le jury vient de lui décerner le premier prix pour la plus belle, la plus vivante, la plus décorée, la plus représentative crèche de la ville d'Aix-en-Provence.

La fillette, au comble de la joie, n'entend plus les éclats de voix, les rires, les congratulations. Elle sent seulement que son papa la soulève de terre et lui écrase deux énormes baisers brûlants sur ses petites joues en feu. Elle entend la grosse voix paternelle, qui roule comme le torrent venu du Ventoux, dire à la cantonade :

« Merci, Oh Bonne Mère, merci de m'avoir donné la plus belle des filles ! »

Le soir de Noël, dans le ciel pur de Provence, monte droit dans la nuit étoilée, sortant de la cheminée d'une petite maison, un filet de fumet embaumé par la cuisson de deux poulets, qui font le bonheur d'une famille pauvre mais heureuse, grâce à la bonté des hommes.

C'est le miracle de la Nativité en Provence.

Pour réussir un vrai Noël en Provence

Noël en Provence, c'est quelque chose... ceux qui n'ont pas encore eu la chance de passer les fêtes de la Nativité dans le Vaucluse (par exemple) ne connaissent rien à la venue de Jésus. Je vous en parle en connaissance de cause, j'ai passé un Noël à Bethléem, tout au fond, dans le noir de la crypte. Sur le lieu même où il serait né.

Je ne veux pas faire de polémique à ce sujet, mais beaucoup de personnes pensent que Jésus est né en Provence. Bien sûr, c'est peut-être faux. Mais c'est peut-être vrai. Ne dit-on pas qu'il est né dans un jas du Ventoux, juste derrière Malaucène ? Cette bergerie existe, certaines personnes y viennent chaque année en pèlerinage les 24 et 25 décembre. Ce n'est pas une preuve, ça ?

Vous voulez y aller ? A la sortie de Malaucène, vous prenez la route du Ventoux ; à deux kilomètres à gauche, vous verrez inscrit sur un panneau : « Le Grozeau ». Vous pouvez, au passage, vous arrêter en ce lieu (pas en hiver !). Vous découvrirez là, en été, un lieu idyllique, une source fraîche, un petit lac, un emplacement de pique-nique ombragé. Une seconde fontaine de Vaucluse ! C'est un coin idéal ; il faut y aller.

Lorsque vous serez là-bas, prenez derrière la source, à droite. Un chemin vous mènera jusqu'à ce jas. Ne prenez pas encore à droite, vous iriez au mont Serein. Ne prenez pas non plus le chemin bordé de fleurs alpines, vous n'iriez nulle part ! Bref, si vous ne vous perdez pas, vous arriverez à la bergerie, à l'étable de la Nativité. Vous ne pouvez pas ne pas la voir : il y a juste à côté, planté droit comme un cierge énorme, un cyprès blanc en forme d'étoile.

Ce qui est vrai, c'est qu'ici dans le Vaucluse nous fêtons Noël avec beaucoup plus d'éclat que partout ailleurs dans le monde. Je vous le disais, Bethléem n'est qu'une sombre image de notre Noël à nous.

Toutes nos festivités sont un long et immense cortège de réjouissances et de traditions séculaires. *La Pastorale* est la pièce de théâtre la plus « catholique », la plus puissante qui soit, et elle prouve que Jésus est bien né en Provence. Mais laissons l'Eglise se débrouiller toute seule !

Tout autour de Noël, il y a aussi le loto : je vous en ai déjà parlé. Précisons seulement que cette institution, reprise par la « Nationale des jeux » sans nous en demander l'autorisation, a fait là une lourde faute. Magnanime, laissons faire !

Le Provençal est un homme pacifique, jovial, qui ne veut nuire à personne. N'empêche que le loto se joue dans tous les cafés de Provence, dans la plus conviviale des soirées. Tout se lote, de la voiture de luxe jusqu'aux grives, car chez nous, souvent et très justement, les gourmets préfèrent, et je les comprends, les grives à la « belle voiture ». Croyez-moi, si vous voulez découvrir l'âme de la Provence, il est nécessaire d'assister à nos lotos.

Fidèle à la tradition depuis bientôt 2 000 ans, chaque année la messe de minuit et sa crèche sont l'événement. Sans être impoli ni irrévérencieux, disons que c'est un « théâtre » sublime. La plus belle des représentations chrétiennes. Même un athée, surtout un athée, trouverait là sujet d'admiration et sincèrement penserait : « Dieu merci ! »

Pour la crèche vivante, les moutons, les agneaux, le berger et tout son environnement de sublimité ne se trouvent qu'en Provence. J'insiste lourdement ! Et alors ? la vérité, il faut toujours la dire, la redire !

Les santons ? Voilà encore une tradition de Noël. Là encore où en est la capitale ? Je vais me répéter : la Provence.

Aubagne, Aix-en-Provence, Avignon et bien d'autres petites villes et villages abritent des santonniers. Ces figurines de glaise peinte sont nos meilleurs ambassadeurs colorés. Le santon et la crèche remontent en l'an 1220 environ, suite à la première Nativité représenté par saint François d'Assise, dans la forêt des Abruzzes. Elle se composait seulement de quelques habitants locaux. Les bergers et les villageois représentaient Jésus, la Vierge et saint Joseph. L'âne et le bœuf étaient empruntés aux fermiers. Ce n'est que vers 1790 qu'apparurent, dans les reconstitutions provençales, les personnages gravitant autour de la Sainte Famille, ainsi que des personnages de la rue de notre province. Ils portent tous les costumes des gens du peuple, des artisans, des nobles locaux du XVIIe siècle, et même des vêtements bibliques pour les rois.

C'est à cette époque qu'apparurent les premiers santonniers. Il existe actuellement cent quatre-vingts ateliers d'artisans. Trente-six se sont regroupés pour la sauvegarde ce savoir-faire ancestral. Travail délicat, précieux, de l'argile cuite et des décors. Ces maîtres artisans devraient avoir toute notre estime et notre admiration pour leur fabuleuse créativité. Aujourd'hui encore, empruntant aux pastorales divers personnages hauts en couleur, nos santonniers méridionaux nous offrent : le maire, le pistachié, le rémouleur, le ravi, le ramoneur, le chasseur, le meunier, bref tout un village provençal. Il y a même le brigand ! Je me demande où ils ont bien pu aller le chercher celui-là ! Il n'en existe pas chez nous ! Il y a même des personnages de légende, comme la femme qui offre une poule noire, dont le bouillon était recommandé aux nouveau-nés. Le berger donnant l'agneau est un rappel du pastrage. Il serait long de vous les présenter tous. Allez donc à la foire aux santons de Marseille, d'Arles ou d'Aubagne : l'émerveillement ne vous quittera pas !

Noël, c'est aussi le réveillon. Daudet en a parlé mieux que moi.

Je ne parlerai donc que de la tradition du menu, de son environnement. Chez nous, tout est merveille, tout est sublimé par la Nativité. Auparavant, le réveillon s'appelait "lou gros soupaé", le gros souper. Il y avait sept plats et sept vins : sept, comme les sept jours de la semaine, comme les sept douleurs de la Vierge. Hier, comme aujourd'hui, la viande est proscrite au profit du poisson (*dou peis*) ou mieux des escargots de vigne (*caragoù di vigno*). Il est resté les treize desserts, comme le soleil et les douze mois `de l'année, ou comme Jésus et les douze apôtres.

Ordonner un réveillon n'est pas donné à tout le monde. A Bethléem, le réveillon n'est qu'une suite de mets. Ailleurs, les réveillons ne sont que des agapes succulentes peut-être, mais sans la saveur suave des parfums provençaux, et ce n'est pas ça : il manque la touche qui fait flamboyer la soirée, la tradition ancestrale à la gloire de nos aïeux, qui l'ont perpétuée.

Le matin de Noël, le père de famille et le plus jeune enfant iront chercher une grosse bûche, un tronc d'olivier ou d'un autre arbre fruitier.

La soirée débute par l'installation du bois dans la cheminée. La bûche doit être énorme, suffisante pour durer « sans s'éteindre » toute la nuit. A minuit, après le retour de la messe, le patriarche dira, arrosant la bûche de vin cuit : « *Cacho fio ! bouto fio ! calendo vèn, tout ben vèn !* » (A la bûche ! boute feu ! avec Noël, tout va bien !). Pour le 31 décembre, le même rite s'accomplit... mais avec une autre phrase, et la ferveur d'une douce nuit commence.

En vue du « gros souper » la table a été dressée. Elle est joliment décorée, vénérée comme le maître-autel. Rien ne doit être placé au hasard. Il faut trois napperons, de grandeur décroissante pour respecter la Sainte Trinité. Au-dessus seront déposées trois assiettes de blé germé pour la prospérité. La table sera jonchée d'ail germé, de petit houx (surtout pas de gui !) et de roses de Jéricho, pour toutes les joies d'une vie heureuse. A ces ornements indispensables s'ajoutent trois bougies qui ne doivent pas s'éteindre. Dans un coin de la table, éclairée par une autre bougie (le soleil), seront disposés les treize desserts : la pompe, le nougat blanc et noir, les amandes, les noisettes, les noix, les raisins secs, les figues sèches, des prunes, du melon d'hiver, des pommes, du raisin frais séché par soi-même, de la confiture maison (les moins riches, à la place du nougat, pourront farcir d'une amande des figues ou des pruneaux).

Vers les 23 heures commence le « réveillon ». Il peut s'effectuer en deux temps : d'abord sera servi le vin cuit (ou l'apéritif), avec amuse-gueules et fruits secs, puis on passera à table pour déguster la salade de Noël. Ensuite, il faut aller à la messe de minuit. La dinde sera servie au retour... ou alors, vous attendez la fin de la messe. Pour ce qui est de la salade de Noël (*l'ensalado de nouvè*), elle se fait avec des cœurs de céléri et ses côtes les plus tendres. Parfumez avec des truffes râpées ; ajoutez des filets d'anchois fondus dans de l'huile d'olive (nouvelle si possible).

Cette salade accompagne la dinde, cuite à votre convenance, rôtie, à la broche (ou bouillie pour vos invités Anglais !).

Pour les légumes (*lei liame*) *: lou tian dé cardo* (le gratin de cardons). Ce ne sont pas les ingrédients de la sauce qui comptent, mais le gratin : seule la carde est le légume obligatoire.

Rien de prévu pour les fromages qui sont à la discrétion de l'amphitryon. Le cachât ? pourquoi pas. Par contre, pour les desserts, prévoir absolument la pompe à l'huile (*la poumpo à l'oli*). C'est ce qu'on appelle le « gros » dessert. Pour la confectionner, prendre du levain de boulanger, 2 kilos de farine, 20 à 25 cl d'huile d'olive, 300 à 400 g de sucre. Une fois bien pétrie, l'étendre au rouleau. Faire des dessins suivant vos dons ! Faire lever 12 heures. Mettre au four (plus la pâte est sucrée, moins elle lèvera). Elle accompagne, bien entendu, les treize desserts.

La boisson sera exceptionnelle : on boira du vin cuit (*lou vin kiue*), du ratafia ou de la carthagène, ou mieux du vin d'orange. C'est de ce vin vénéré qu'à la fin des agapes, l'aïeul, en arrosant la bûche, dira : « *A l'an que ven, se sian pas mai fugen pas mens !* » (A l'an qui vient, si nous ne sommes pas plus ne soyons pas moins !)

La soirée du réveillon, c'était aussi la soirée des jeux familiaux, ou mieux, des conteurs.

J'ai voulu perpétuer cette tradition en vous contant la Provence par ses récits, par ses contes vauclusiens… et vous faire venir l'eau à la bouche en vous renouvelant les traditions du “gros souper”. Ah ! surtout, n'oubliez pas la place vide pour l'invité de dernière minute, pour le vagabond… qui sait, ce sera peut-être moi, un de ces Noëls.

A tout are ! (A tout à l'heure !).

La collection Temps Contés

Ça s'est passé à Marseille (tomes 1, 2, 3, 4), Jean Contrucci
Ça s'est passé en Provence (tomes 1 et 2), Jean-Claude Rey
Ça s'est passé en Corse (tomes 1, 2, 3, 4), Paul Silvani
Ça s'est passé à Toulon et en Pays Varois (tomes 1, 2, 3), Gabriel Jauffret, Tony Marmottans et Jean Rambaud
Ça s'est passé en Haute-Provence (tome 1), (collectif)
Contes et légendes d'Armor, Pierre-Yves Proust
La Chasse une passion, Jean-Claude Romand
Le Livre de la cigale, Jean-Claude Rey
Le Randonneur des Cévennes, Guy Toubon
L'Humour libre en Luberon, Jean-Claude Rey
Nouvelles slovènes (collectif)
Zidore Angélus, Maurice Chevaly
Les Mots de chez nous (tome 1, tome2 : *Fan de chichourlo*), Jean-Claude Rey
Le Noble Jeu provençal, Yvan Audouard
Contes merveilleux de la Méditerranée, Salima Aït Mohamed
L'Ile d'à côté, Paul Silvani

Achevé d'imprimer
en mai 1998
sur les presses
de l'imprimerie Robert
200, Avenue de Coulins
13420 Gémenos
pour le compte des
éditions AUTRES TEMPS
97, avenue de La Gouffonne
13009 Marseille

Dépôt légal : juin 1998

ISBN : 2-911873-00-0
ISSN : 1150-1405